I0025832

COURS DE LANGUE FRANÇAISE
THÉORIQUE ET PRATIQUE
CONFORME AUX PRINCIPES DE LHOMOND ET A L'ACADÉMIE

PETIT COURS

EXERCICES ORTHOGRAPHIQUES

SUR LA

GRAMMAIRE FRANÇAISE

DE LHOMOND

Formés de leçons orales, d'analyses, de compositions écrites, etc.

PAR M. CH. LEROY
AUTEUR DES ÉTUDES SUR LA NARRATION

NOUVELLE ÉDITION, CORRIGÉE

E B

PARIS
LIBRAIRIE CLASSIQUE D'EUGÈNE BELIN
RUE DE VAUGIRARD, N° 52

COURS THÉORIQUE

ET PRATIQUE

DE LANGUE FRANÇAISE

—

PETIT COURS

X

EXERCICES ORTHOGRAPHIQUES

SUR LA

GRAMMAIRE FRANÇAISE

DE LHOMOND

Formés de Leçons orales, d'Analyses, de Compositions écrites, etc.

PAR

M. CH. LEROY

AUTEUR DES ÉTUDES SUR LA NARRATION.

QUATRIÈME ÉDITION CORRIGÉE.

PARIS
LIBRAIRIE CLASSIQUE D'EUGÈNE BELIN
RUE DE VAUGIRARD, N° 52.
1872

Tout exemplaire de cet ouvrage non revêtu de ma griffe sera réputé contrefait.

EXERCICES ORTHOGRAPHIQUES

GRAMMAIRE DE LHOMOND

CHAPITRE PREMIER

Substantif.

Leçon 1. — Exercice oral (ou par interrogations).

Parmi les mots ci-après, il faut distinguer ceux qui sont substantifs, et en indiquer le genre et le nombre.

Le ciel serein.	Le nuage blanc.
Un ami généreux.	Le métier des armes.
Le vaillant soldat.	Le feu et la fumée.
Des écoliers attentifs.	La rapidité du vent.
De belles fleurs.	Quelle bonne fortune!
La rose et l'œillet.	La bonté du vieillard.
L'étoile brillante.	De mauvaises plumes.
La montre perdue.	Récitez votre leçon.
La première faute.	Le paletot de drap.
Cette maison isolée.	Un mouvement de colère.
De petits oiseaux.	L'arbre de la forêt.
Le visage maigre.	Sagesse et patience,

Leçon 2. — Exercice oral.

Distinguer les noms propres des noms communs. Remarquez que certains noms peuvent être masculins ou féminins, propres, ou communs, selon le sens.

La seconde année.	Enfants, soyez dociles.
Adam et Eve.	La fontaine du château.

Les fables de la Fontaine.   Les contes des fées.
Une table ronde.   Le bon et le mauvais côté.
La rondeur de la table.   Les Alpes neigeuses.
Le mont de la Table en Afrique. Achevez cette page.
Obéissez à monsieur.   La reine appela son page.
L'œil droit et le gauche.   Esther, tragédie de Racine.
Votre chien Médor.   Coupez cette racine.
Paul et Marie.   Le palais des Tuileries.
Anne la prophétesse.   La tuilerie du village.
Anne, beau-père de Caïphe.   Rome et Paris.

Leçon 3. — Analyse.

Les mots *en italique* sont des substantifs. Il faut pour chacun
d'eux indiquer par écrit, en abrégé, si c'est un nom propre ou un
nom commun, s'il est masculin ou féminin, singulier ou pluriel,
d'après cet exemple.

Dieu, nom pr. masc. sing.

Cœur, nom com. masc. sing., etc.

1. Aimez *Dieu* de tout votre *cœur*, de toute votre *âme*, de
   toutes vos *forces*.
2. L'*argent* ne donne pas le *bonheur* ; il faut le demander
   au *travail* et à la *vertu*.
3. Le *printemps* arrive, l'*hirondelle* bâtit son *nid*.
4. *Bossuet* et *Massillon* sont les plus grands *orateurs* du
   siècle de *Louis XIV*.
5. La *paresse* donne *entrée* à tous les *vices*.
6. Les *cerfs*, les *daims*, les *sangliers*, abondent dans les
   forêts d'*Allemagne*.

Leçon 4. — Analyse.

Distinguer les noms parmi les autres mots. Donner les mêmes
indications que ci-dessus.

1. Les Pyrénées séparent la France de l'Espagne, les
   Alpes la séparent de l'Italie.

2. Les rois et les princes sont confondus au pied des autels avec les autres hommes.

3.   Un frère est un ami donné par la nature.
4.   L'homme ravit la laine à la brebis timide.

5. Une foule innombrable se pressait aux portes du temple.
6. Rome, la ville des Césars, est devenue la capitale du monde chrétien.

Leçon 5. — Exercice oral.

Noms à double genre et qui changent de terminaison ou de forme pour exprimer le féminin. Il y en a plusieurs sortes :

1° Ceux de dignité, de profession : *prince, princesse*, etc.

2° Ceux de nation : un *Français*, une *Française;* un *Espagnol*, une *Espagnole*, etc.

3° Les noms qui expriment la parenté : *aïeul, aïeule*, etc.

4° Les noms de quelques animaux : un *lion*, une *lionne*, etc. Il y en a qui changent complétement : un *bœuf*, une *vache*, etc.

Parmi ces noms, quelques-uns ont la même terminaison pour les deux genres : un *élève*, une *élève*, etc.

1. Dieu fait miséricorde au *pécheur* et à la — qui se repentent.
2. Le *maréchal* et la — de Noailles moururent la même année.
3. L'*oncle* et la — de Ferdinand régnaient en Hongrie.
4. Le consul fit enterrer vivants un *Grec* et une —.
5. Le cardinal donna tous ses biens à son neveu et à sa —.
6. *Paysan* fait au féminin —; mais *Persan* et *Musulman* font — et —.
7. On dit un *cheval* et une —; un *cerf* et une —; un *bouc* et une —; un *sanglier* et une —.
8. Les petits de la *poule* sont appelés —, et quand ils sont très-jeunes —; les petits *lièvres* sont appelés—; les petits *lapins* —; les petits *lions* —; les petits *sangliers*—; les petits de la *brebis* sont appelés —; ceux de la *chèvre*—; ceux de la *vache* —.

Leçon 6. — Thème (devoir écrit).

Il faut remplacer les tirets (—) par le féminin des noms en italique.

1. Il n'avait auprès de lui qu'un *serviteur* et une — fort âgés.
2. Le *comte* Bérenger et la — sa femme partirent pour la croisade.
3. Nous allâmes voir un *nain* et une — d'une rare intelligence.
4. Il donnait assistance à un *veuf* et à une —fort pauvres.
5. Ce palais fut donné par le *sultan* Sélim à la— sa mère.
6. Un *géant* et une — figuraient en tête du cortége.
7. La romance de cette pauvre (*chanteuse* ou *cantatrice*) me revient à l'esprit.
8. Votre conte d'un *ogre* et d'une — est à dormir debout.
9. Le *duc* et la — de Bourgogne se suivirent de près dans la tombe.
10. Un *nègre* et une — se sauvèrent dans les bois pendant l'incendie.

———

Leçon 7. — Thème.

Mettre au pluriel les noms en italique.

1. On le voyait errant, les *habit* en désordre et les *cheveu* hérissés.
2. On a placé des *tuyau* trop étroits pour l'écoulement des *eau*.
3. Les *hibou* nichent dans les *trou* des vieux *mur*.
4. Ces *canal* ont exigé des *travail* immenses.
5. Mes *genou* tremblants se dérobent sous moi.
6. Les *ciel* sont la demeure des *bienheureux*.
7. Le jour n'arrivait dans ces *caveau* que par des *soupirail* étroits.

8. Certains *chou* sont bons pour les *mal* de gorge.
9. Des *malfaiteur* ont profané les *tombeau* de vos *aïeul*.
10. Les *coucou* sont des *oiseau* destructeurs.

Leçon 8. — Exercice oral.

Remarquez que certains mots peuvent être des noms dans un sens, et cesser de l'être dans une autre signification. On les appelle *homonymes*.

Le mur de la prison.
Ce melon n'est pas mûr.
Donnez de l'eau aux prés.
Il est près de la maison.
Une allée de peupliers.
La caille s'en est allée.
N'entrez pas dans ce bois.
Bois cette potion.
Un voile de pourpre.
Il voile sa honte.

La ferme et le château.
L'arbre tient ferme.
Ferme ce volet.
L'alouette volait.
Voici votre part.
Il part pour les Indes.
Le cours de la rivière.
Tu cours à ta perte.
Une file de voitures.
Elle file de la soie.

Leçon 9. — Thème.

Mettre au pluriel les noms en italique.

1. On le fit asseoir sur un trône aux *clou* dorés.
2. Vous avez dépensé trop d'argent en *joujou* inutiles.
3. La cathédrale de Reims a des *portail* magnifiques.
4. Les *caillou* du Rhin sont brillants comme des *cristal*.
5. Les *chameau* mugissent comme les *bœuf* et les *taureau*.
6. L'or ouvre tous les *verrou* et fascine tous les *œil*.
7. Les *vertu* sont de plus beaux *ornement* que les *bijou* et les *joyau*.
8. Les *bambou* sont de grands *roseau* des Indes.
9. On a pris autrefois les *corail* pour des *arbrisseau* de mer.
10. Les anciens *émail* de Limoges et de Nevers sont estimés.

Leçon 10. — Thème.

Remplacer les noms masculins en italique par les noms féminins analogues.

1. Cette illustre *roi* avait cependant une *favori* qui abusait de ses bontés.
2. La cour fêta beaucoup madame l'*ambassadeur*.
3. Les Hongrois se dévouèrent pour l'*empereur* Marie-Thérèse.
4. La pieuse *abbé* votre *protecteur* vous recommandera à Monseigneur.
5. Ruth, comme une humble *glaneur*, ramassait les épis perdus.
6. La Fable disait que Circé était une *magicien* et une *enchanteur*.
7. Une pauvre *orphelin* fût agréée comme *lecteur* ordinaire de l'*infant*.
8. Nous invoquions Notre-Dame de la Garde, *patron* des marins.
9. Une célèbre—(*chanteuse* ou *cantatrice*) attirait la foule.
10. Elle deviendra une — (*chanteuse* ou *cantatrice*) parce qu'elle a beaucoup de goût.

———

Leçon 11. — Analyse.

Distinguer les noms propres et les noms communs, le masculin et le féminin, le singulier et le pluriel.

1. Un fleuve est un grand courant d'eau qui se jette dans la mer.
2. La bienfaisance est une vertu qui nous fait contribuer au bonheur des autres hommes.
3. Alexandre étant arrivé en Asie se fit conduire au tombeau d'Achille et y versa des pleurs, en regrettant de

n'avoir point comme ce héros un Homère pour célébrer
ses exploits.

4. Moïse demanda à Pharaon qu'il le laissât conduire les
Hébreux dans la terre de Chanaan.

Leçon 12. — Thème.

Remplacer les noms masculins en italique par le féminin
analogue.

Observation. Lorsque le substantif féminin se termine en *ère*,
le premier *è* prend un accent grave.

1. Cette *intrigant* n'est, avec ses grands airs, qu'une
   bourgeois ridicule.
2. Une jeune *apprenti* a gâté le travail des *ouvrier*.
3. Elle vivait comme une *saint* et s'accusait comme une
   pécheur.
4. La tristesse est souvent *compagnon* des dignités.
5. Cette jeune *châtelain* était aussi *l'héritier* de Roger.
6. Anne de Beaujeu fut *tuteur* de Charles VIII et *régent*
   de France.
7. Philippe II nomma cette *étranger gouverneur* des Pays-
   Bas.
8. Il est fatigant de voir tant de — (*chanteuse* ou *cantatrice*) se produire.
9. Avec si peu d'études elle ne sera jamais une — (*chanteuse* ou *cantatrice*).
10. Cette — (*chanteuse* ou *cantatrice*) ne méritait pas un
    pareil triomphe.

Leçon 15. — Thème.

Mettre le pluriel des noms en italique.

1. Ces *malfaiteur* fabriquaient des *sou* très-ressemblants
   à de la bonne monnaie.

2. Les deux *amiral* donnèrent des *détail* différents sur l'issue du combat.

3. Ces adroits *filou* avaient dévalisé tous les *château* des environs.

4. Les *sapajou* sont des *singe* d'une agilité extrême.

5. Les *fanal* préservent les *vaisseau* de beaucoup d'*accident*.

6. Les *moyeu* sont comme les *noyau* des *roue*, et ils sont percés pour recevoir les *essieu*.

7. On avait adapté à tous ces *navire* des *gouvernail* trop petits.

8. Les *mine* sont des *lieu* souterrains d'où l'on tire tous les *métal*.

9. Les *accusé* ont fait des *aveu* compromettants.

10. Ses *neveu* se sont ruinés par des *pari* dans les *course* de *cheval*.

CHAPITRE II.

Adjectif.

———

I. — ADJECTIF QUALIFICATIF.

Leçon 14. — Exercice oral.

Observez que certains mots sont employés tantôt comme substantifs, tantôt comme adjectifs. Ils sont substantifs quand ils sont qualifiés par un adjectif; ils sont adjectifs lorsqu'ils sont joints à un nom pour le qualifier. Exemple : *un Romain illustre*, *Romain* est substantif, car on parle d'une personne qui a de l'illustration. Mais si l'on dit *le sénat romain*, ce même mot est un adjectif qui qualifie le substantif *sénat*.

Le chariot embourbé.   Le mauvais habit.
Le peuple français.   Une noblesse illustre.

Un Français expatrié.
Un pécheur endurci.
C'est un homme juste.
Le juste même est pécheur.
Il est sévère, mais bon.
Une vertu éclatante.
Le bourru bienfaisant.
Un talent médiocre.
Une joie parfaite.
Une modeste tenue.

Un livre amusant.
Le palais magnifique.
Un cheval anglais.
Un Anglais généreux.
Un voyageur italien.
La caille voyageuse.
Le fou raisonnable.
Un homme fou.
L'arbre odoriférant.
La fleur vermeille.

Leçon 15. — Analyse.

Outre les substantifs, il faut analyser les adjectifs et indiquer à quel nom ils se rapportent.

1. Cet étranger suspect fut enfermé dans un cachot ténébreux.
2. Je ne trouvai point sur le sol étranger un cœur compatissant.
3. Ce peuple pasteur pratique une généreuse hospitalité.
4. Quel tableau touchant l'Évangile nous donne du bon pasteur !
5. Je m'adresserai avec un abandon filial à mon divin consolateur.
6. Ce discours consolateur nous donna une douce espérance.

Leçon 16. — Thème.

Mettre au féminin les adjectifs en italique.

1. La fleur *cueilli* est bientôt *fané*.
2. A *sot* demande *nul* réponse.
3. La vertu *malheureux* obtiendra dans le ciel une récompense *éclatant*.
4. La peau du castor est *fin* et sa queue porte une laine *abondant*.

5. *Heureux* l'âme qui met en Dieu sa *seul* félicité !

6. Une *faux* opinion attribue une *fâcheux* influence à la lune *roux*.

7. *Jaloux* de son autorité *souverain*, la reine exigeait une obéissance *absolu*.

8. Une *pareil* erreur est *capable* de vous conduire à une perte *certain*.

9. Une personne *prudent* est *circonspect* dans ses *moindre* paroles.

10. Cette crise qui paraît *dangereux* aura cependant une issue *bénin*.

Leçon 17. — Exercice oral.

Remarquez les irrégularités ou les exceptions dans la formation du féminin et du pluriel.

1. *Tout* les états sont *honorable* s'ils sont *utile*.

2. Ces *bas* procédés marquent un esprit *bas*.

3. Sa physionomie un peu *niais* marquait assez une intelligence *épais*.

4. Une *vaste* entreprise n'est souvent qu'un *vaste* embarras.

5. A sa démarche si *fier*, je vis bien qu'il avait obtenu une *complet* satisfaction.

6. Cette pratique *dévot* exige une conscience *net*.

Leçon 18. — Thème.

Mettre au féminin les adjectifs en italique. — Ainsi qu'on l'a déjà vu pour certains noms, lorsque la consonne finale d'un adadjectif ne se double pas au féminin et qu'elle est précédée d'un e, on met sur cet e un accent grave : *entier, entière; replet, replète.*

1. Sa bouche *souriant* marquait une joie *profond*.

2. Prenez donc une humeur moins *rétif* aux préceptes.

3. Je vous reprocherai longtemps cette parole si *sec* et si *amer*.

4. La voix *enchanteur* des sirènes n'était qu'une *gracieux*
   invention des poëtes.
5. Jésus-Christ est appelé *nouveau* Adam parce qu'il a
   apporté une loi *nouveau*.
6. La rumeur *public* répandait cette imposture *malin*.
7. L'espérance *consolateur* descendit dans mon âme *inquiet.*
8. Une santé si *caduc* ne pouvait faire présumer une si
   long existence.
9. Ta ruse s'est *trahi* dans cette *mol* affaire.
10. Je blâme également et sa conduite si *léger* et sa langue
    si *indiscret*.

Leçon 19. — Analyse.

1. La monarchie française compte beaucoup d'époques
   glorieuses.
2. Les petits oiseaux essayaient leurs ailes encore faibles.
3. La simplicité des mœurs antiques est admirable.
4.   Hélas ! aux gens heureux la plainte est importune.
5. Je jouissais sous ces ombrages frais des doux loisirs
   qui m'étaient accordés.
6. Les peuples de l'Océanie sont laids et ont des cou-
   tumes étranges.

Leçon 20. — Thème.

Appliquer les règles de la formation du pluriel dans les adjectifs.
1. Les couleurs *vif* fatiguent la vue comme les sons *éclatant* fatiguent l'oreille.
2. Ces *divin* cantiques charmaient les tribus *attentif*.
3. Après tant de crimes *odieux*, Oreste fut abandonné aux
   Furies *vengeur*.
4. Il marchait à pas *inégal*, en suivant les traces *imprimé*
   sur le sable.
5. Nous prîmes deux *gros* anguilles qui déchirèrent nos
   filets trop *léger*.

6. Je voudrais bien voir les *grand* et *beau* images de ce livre.
7. Ces parafes me paraissent aussi *inutile* que mal *fait.*
8. Ces parures si *frais* seront bientôt *terni.*
9. Le Volga, le Danube et le Rhin sont les *principal* fleuves d'Europe.
10. Méditez les principes *moral* de ce livre admirable.

———

Leçon 21. — Exercice oral.

L'adjectif peut, dans quelques cas, être, comme les noms communs, précédé de *le, la, les, du, des, au, aux;* cela a lieu :

1° Lorsque l'adjectif est employé lui-même comme substantif : L'UTILE *doit être préféré à* L'AGRÉABLE.

2° Au superlatif relatif : Le PLUS *grand;* LA PLUS *heureuse.*

3° Lorsqu'on ajoute certaines qualifications à un nom propre : *Alexandre* LE GRAND ; *Tarquin* LE SUPERBE.

1. Charles le Téméraire avait une ambition démesurée.
2. La jeune Marie portait un bouquet des plus belles fleurs.
3. Les hommes généreux sont souvent victimes de la plus noire ingratitude.
4. Le tout est plus grand que la partie.
5. Un vieil ami n'est pas toujours un ami vieux.

———

Leçon 22. — Thème.

Accord et place de l'adjectif.

1° Former le féminin ou le pluriel de l'adjectif, selon le genre et le nombre du nom auquel il se rapporte.

2° Examiner si la place de l'adjectif satisfait l'oreille. On ne dira pas *noir habit, homme beau, soutenue application,* mais *habit noir, bel homme, application soutenue.* Il faut donc quelquefois déplacer l'adjectif.

1. Notre frère nous raconta une anecdote *court,* qui nous réjouit beaucoup.
2. Le tigre et la panthère de ces *reculé* pays sont d'une férocité *grand.*

3. L'hôte et — (*fém.*) me parurent *satisfait* de ma déclaration si *franc*.

4. Fuyez, souvenirs *fatal* à mon repos.

5. Les *dent* et les *ongle* des *animal carnassier* sont *aigu*.

6. *Lâche* et *craintif*, les hyènes sont *hardi* et *féroce* par nécessité.

7. L'ébène et la nacre, si *différent* d'aspect, sont également *précieux*.

8. Cette *mensonger* rumeur fut *accueilli* comme une nouvelle *certain*.

9. Un devin et une — (*fém.*) *plein* d'imposture se vantaient de découvrir les *secret* choses.

Leçon 23. — Analyse.

Indiquer les comparatifs et les superlatifs aussi bien que toutes les autres parties de l'analyse déjà expliquées.

1.   A tous les cœurs bien nés que la patrie est chère!

2.   A de moindres fureurs je n'ai pas dû m'attendre.

3. L'allemand et l'italien sont les langues modernes les plus riches.

4. Si vous obéissez à ses caprices les plus légers, il prendra un grand empire sur vous.

5. L'automne a été très-humide cette année.

6. Les fleurs des pays chauds sont très-agréables à l'odorat et étalent les couleurs les plus vives.

Leçon 24. — Thème.

1° Comparatif et superlatif. Remplacer les tirets (—) par les mots nécessaires pour former le degré de signification demandé.

2° Faire accorder les adjectifs avec les noms.

1. La chauve-souris et le crapaud sont—*laid* et — *hideux* (*comp. de supér.*) que *méchant*.

2. Vos occupations *favori* me paraissent—*frivoles* (*superl. abs.*).

3. La guerre — *heureux* est toujours — *fâcheux* cala-
mité (*superl. rel.*).

4. Il n'est — *bon* ami ni parent que soi-même (*comp. de supér.*).

5. L'intempérance prépare de — *cruel* (*superl. abs.*)mala-
dies et les remords — *cuisant* (*superl. rel.*).

6. Les batailles sont peut-être—*sanglant* (*comp. d'infér.*)
mais — *décisif* (*comp. de supér.*) qu'autrefois.

7. C'était un *vieux* ami, qui, depuis mon enfance, m'avait
soutenu dans — *cruel* (*superl. rel.*) disgrâces.

8. Les Romains n'étaient pas — *loyal* (*comp. de supér.*)
que les Carthaginois dans leurs guerres.

9. Les questionneurs — *impitoyables* (*superl. rel.*) sont
les personnes *désœuvré et vain.*

————

Leçon 25. — Thème.

Traduire du pluriel au singulier tous les noms et les adjectifs
des phrases suivantes.

1. Épais ombrages, solitudes profondes, que de charmes
je trouve en vous !

2. Il n'employait jamais de moyens tortueux ni d'influen-
ces coupables.

3. Chevaux ombrageux et conducteurs brutaux vont mal
ensemble.

4. Tristes perplexités ! nouveaux embarras où je suis jeté !

5. Je n'avais jamais éprouvé de douleurs si violentes ni de
chagrins si vifs.

6. Toujours chez lui discours affables et portes ouvertes
à tous venants.

7. Répondez à ma voix, abîmes infinis de l'Océan, cieux
éclatants de lumière, beautés *imposantes* de la nature.

8. Il n'y a point d'injures odieuses qu'il ne vomit ni de
procédés déloyaux dont il n'usât.

9. Folles illusions de la grandeur, appâts trompeurs de
la fortune, vous ne me séduirez plus.

10. Tout m'accable à la fois : créanciers impitoyables, amis infidèles, ennemis perfides, protecteurs chancelants, cabales actives, rivaux dangereux, disgrâces imméritées.

II. — ADJECTIFS DÉTERMINATIFS.

Leçon 26. — Exercice oral.

Remarquer principalement les homonymes.

La seconde fois.	Nous avons pris un superbe thon.
La fortune seconde tes vœux.	Prenez un ton moins haut.
J'approuve ton dessein.	Ton huile sent le rance.
Je n'entends qu'un son confus.	Cent barriques de vin.
Jetez ce son dans la basse-cour,	Achetez un cent d'œufs.
Faites cet acte sous seing privé.	La guerre de Troie dura dix ans.
Cinq hommes et deux enfants.	Tu dis là trois choses inexactes.
Il y a de cela vingt ans.	La dixième année.
Il vint voir son frère.	C'est la même erreur.
Ce mont dépasse les nuages.	Une faute quelconque.

Leçon 27. — Analyse.

Indiquer l'espèce, le genre et le nombre des noms et des adjectifs, soit qualificatifs, soit déterminatifs.

1. Le saint concile de Trente est le dix-huitième concile général.
2. Achetez-moi trente livres de vieille laine.
3. Il a dérangé son horloge pour la trentième fois.
4. Ces volumes coûtent vingt francs la douzaine.
5. Je crois voir les mêmes flacons que votre voisin a achetés.
6. Toute cette gloire est vaine et disparaîtra comme une ombre.

Leçon 28. — Thème.

Mettez à la place des tirets — l'adjectif possessif réclamé par le sens de la phrase et par les règles.

1. Selon ce qu'il fera je lui réserve — amitié ou — haine.
2. Il m'intimide par — hardiesse.
3.   Chacun a — humeur, — esprit, — travers (*travers, pl.*).
4. Les Hovas sont méchants ; — habitudes cruelles sont l'effet de — mauvais gouvernement.
5. Dans — inépuisable bonté, Dieu donne tous — soins aux créatures de l'univers, — amour s'étend sur tous les êtres qui sont sortis de — mains.
6. Je te démasquerai, et alors — honte et — hypocrisie seront *dévoilé* à *tous* les *œil*.
7. Les oiseaux expriment — joie par — chants, et — tristesse par — cris *aigu*.
8. Apportez toute — attention à — devoirs ; n'imitez point les paresseux et — lâcheté.
9. Nous avons réuni toutes — ressources, et nous sommes cependant loin de — but.
10. Les poissons ne le cèdent point aux autres animaux par la diversité de — forme et de — grandeur.

———

Leçon 29. — Thème.

Mettre à la place des tirets (—) l'adjectif démonstratif réclamé par le sens de la phrase et par les règles.

1. — homme en se retirant a laissé tomber — haillon.
2. — héros cueillera — *beau* (*superl. rel.*) lauriers de la gloire.
3. Voyez — oiseau perché sur l'extrémité de — branche.
4. J'ai été effrayé à la voix de — hibou.
5. — artisan, dédaignant — folles illusions qui vous trompent, n'aspire qu'à se retirer dans — hameau.

6. — image de la patrie divisée affligeait encore — pauvre exilé.
7. Pourquoi a-t-on tiré — orange de — armoire ?
8. — offre si magnifique ne pouvait cependant séduire le prisonnier dans — angoisse.
9. — esquisse du bonheur qui vous est réservé, devrait vous tirer de — horrible abattement.
10. Je n'ai pu retrouver — indice fidèle qui devait me guider dans — affreux dédale.

———

Leçon 30. — Thème.

Ecrire en lettres les adjectifs numéraux indiqués en chiffres.

1. Il y eut 21 conjurés pour tenter *cet* entreprise *auda-cieux*.
2. On enleva aux ennemis 22 *drapeau*, trophées *réservé* pour le triomphe.
3. La flotte se composait de 33 frégates magnifiques et de 70 *vaisseau* de transport.
4. Le fronton du temple était orné de 18 statues colossales.
5. Il mourut après 61 ans d'épreuves *cruel* et de *travail* rebutants.
6. Cette catastrophe coûta la vie à 71 personnes, qui furent trouvées mutilées sous les décombres.
7. La guerre éclata après 12 ans d'une paix *fécond*.
8. Autour du palais régnaient 80 colonnes *cannelé*.
9. Apportez-moi le 2ᵉ et le 12ᵉ volume de l'histoire *ancien*.
10. 98 marches *usé* par le temps conduisaient au sommet de cette tour.

———

Leçon 31. — Thème.

Remplacer chaque *tiret* par l'adjectif numéral que réclame le sens.

1. Janvier est le — mois de l'année, et mars le —.
2. Jacob eut — fils, dont le — fut Joseph.

3. Le — doigt de la main est le plus long, et le — est le plus petit.

4. On compte — vertus théologales, dont la — est la foi, la — l'espérance, et la — la charité.

5. Le — jour de la semaine est le dimanche, qui est consacré à Dieu et à la pratique des *bon* œuvres.

6. Il y a dans l'année — saisons et — mois. Les mois — *long* (*sup. rel.*) ont — jours ; quelques autres n'en ont que — ; et — court (*superl. rel.*) est février, qui n'en a que — et quelquefois —.

7. La troupe de ce corsaire se composait de 22 Albanais, de 70 Épirotes, 87 Tunisiens, 11 Maltais, 17 Corses, 9 Palermitains, 51 Turcs et 90 Grecs.

Leçon 32. — Thème

Rappel des leçons précédentes. Souligner dans la copie les adjectifs indéfinis.

1. *Aucun* satisfaction ne fut accordée à la république *jaloux*.

2. Je n'ai *nul* envie de vous faire une *odieux* querelle.

3. *Tous ces* (ou *ses*) *vain plaisir* du monde ne sont point *recherché* par le sage.

4. *Son* ou *sa* haine *envenimé* a troublé mon repos.

5. Chaque pays a *ces* ou *ses* usages *différent*.

6. Il y a 31 *an* que je vis dans *ce* ou *cet* isolement.

7. *Quel* offres *ce* ou *cet* artisan de troubles a-t-il pu faire aux ouvriers de l'arsenal ? a-t-il pu faire les *même* promesses aux gondoliers?

8. *Ce* ou *cet* enfant a été placé au 9ᵉ rang et son frère au 21ᵉ.

9. *Ce* ou *cet fou* empereur releva les 9 idoles du temple de Janus.

10. *Ce* ou *cet* habile maître était chéri de tout *ces* ou *ses* élèves.

11. Il y a *tel* actions qui élèvent aux dignités ou qui du moins méritent *quelque* récompenses.

CHAPITRE III.

Article.

Leçon 33. — Exercice oral.

Remarquer principalement les homonymes. Observer aussi que l'élision de l'article souffre quelques exceptions ; ainsi l'on dit : *le onze, le oui et le non*, etc.

J'ai du plaisir à vous voir.	La voix de l'honneur.
Le messager a dû m'entendre.	Le cheval du hussard.
La hache fend le hêtre.	La pauvre femme s'assit là.
J'ai cueilli des fleurs et des fruits	Avez-vous des ennemis ?
J'ai de la peine à marcher.	Il partit dès le soir.
Le chien courait deçà delà.	Venez le onze du mois prochain.
Il parvint aux honneurs et aux dignités.	Le onzième rang.
	Le oui et le non.
Les eaux dormantes sont perfides	Le haut et le bas.
Allez au jardin.	De la ouate.

Leçon 34. — Analyse.

On peut se borner à analyser les mots en italique. Il faut dire à quel substantif se rapporte l'article.

Quel carnage de *toutes* parts !
On égorge à *la* fois *les* enfants, *les* vieillards,
   Et *la* sœur et *le* frère,
   Et *la* fille et *la* mère,
   Le fils dans *les* bras de *son* père ;
Que de corps entassés, que de membres épars,
   Privés de sépulture !
   Grand Dieu, *tes* saints sont *la* pâture
   Des tigres et *des* léopards.

Leçon 35. — Thème.

Remplacer chaque tiret par l'article convenable.

On lève — ancre, on part, on fuit loin de — terre ;
On découvrait déjà — bords de — Angleterre
— astre brillant — jour à — instant s'obscurcit,
— air sifle, — ciel tonne et — onde — loin mugit.
— vents sont déchaînés sur — vagues émues ;
La foudre étincelante éclate dans — nues ;
Et — feu, — éclairs, et — abîme — flots,
Montrent partout — mort — pâles matelots.

——

Leçon 36. — Thème.

Comme à la leçon précédente.

Dans ce même moment — Dieu de — univers.
Qui vole sur — vents, qui soulève — mers,
Ce Dieu dont — sagesse ineffable et profonde
Forme, élève et détruit — empires — monde,
De son trône enflammé qui luit — haut — cieux,
Sur — héros français daigna baisser — yeux.
Il le guidait lui-même ; il ordonne — orages
De porter — vaisseau vers — prochains rivages,
Où Jersey semble — yeux sortir — sein — flots.

CHAPITRE IV.

Pronom.

——

Leçon 37. — Exercice oral.

Remarquer particulièrement l'orthographe de quelques homonymes.

Aidez-moi pour cela.
Il viendra dans un mois.
Elle partira bientôt.
La perdrix fut blessée à l'aile.
Vous m'avez frappé.

Ils s'animent au combat.
Il ne vous respecte pas.
Cette île est bien située.
L'homme dont je vous ai parlé.
Venez donc me voir.

L'éclair qui a lui.   Ce qui vous plaît m'intéresse.
Ce livre est à lui.   Je lui voue mon amitié.
On nous a trompés.   Ils se frappent l'un l'autre.
Il noue un ruban à son chapeau.   Elles dévident de la soie.
Ta part et la mienne.   Chacun pense à soi.

Leçon 38. — Analyse.

Il suffit d'analyser les mots *en italique*. Pour les pronoms, on désignera le nombre et la personne.

1. *Vous lui* avez fait *une* foule d'avanies, quoiqu'*il* ne *vous* ait fait *aucun* mal.
2. *Les* hommes *se* font entre *eux une* guerre cruelle, quand *ils* devraient *au* contraire *se* secourir.
3. *Ce qui* plaît à *celui-ci* déplaît souvent à *celui-là*.
4. *Les* arbres *que vous* avez plantés sont *ceux qui* donnent *le* plus d'ombre.

Leçon 39. — Thème.

Pronoms personnels. Dans les phrases suivantes les mots *en italique* doivent être remplacés par des pronoms.

Ainsi dans le n° 1, au lieu de répéter *le mal*, on mettra un pronom personnel : *Il vaut mieux souffrir le mal que de* LE *faire.*

Les seuls pronoms à employer dans cette leçon sont : *il, elle, lui, ils, le, la, les.*

1. Il vaut mieux souffrir le mal que de faire le *mal.*
2. Défiez-vous de la colère; quand *la colère* n'obéit pas, la *colère* commande.
3. La crainte gouverne le monde, et l'espérance console *le monde.*
4. On ne triomphe de la calomnie qu'en dédaignant *la calomnie.*
5. Le bonheur fuit quand on recherche *le bonheur* avec trop d'empressement.

6. L'homme est si léger que la moindre bagatelle suffit pour divertir *l'homme*.
7. Ne craignez pas de multiplier vos bienfaits, mais ne reprochez jamais *vos bienfaits*.
8. Alexandre croyait intimider les Gaulois ; mais *les Gaulois* firent entendre *à Alexandre* des paroles pleines d'énergie.
9. Dieu reprendra les dons qu'il fait aux hommes, puisque *les hommes* tournent *ces dons* contre *Dieu*.
10. César accorda sa grâce à Marcellus, quoique *César* eût reconnu *Marcellus* coupable.

————

Leçon 40. — Analyse.

Il suffit d'analyser les mots marqués *en italique*.

1. *La* souffrance est *une* des choses *auxquelles il* faut *le* plus s'accoutumer si l'*on* veut être heureux.
2. *On* voit des tortues sur l'écaille *desquelles quatorze* hommes peuvent monter.
3. *Je vous* lirai *l'*histoire *des* Normands. *Ce* sont *eux qui* firent *la* conquête de *l'*Angleterre.

————

Leçon 41. — Thème.

1º Outre les substantifs marqués *en italique*, il faut remplacer les pronoms par les équivalents ci-après :

Me	*se dit pour*	moi	*ou* à moi.	Se	*se dit pour*	soi *ou* à soi.
Te	—	toi	à toi.	Le	—	lui.
Lui	—	à lui	à elle.	La	—	elle.
Leur	—	à eux	à elles.	Les	—	eux *ou* elles.

2º Pour éviter la répétition d'un nom précédé d'un adjectif possessif, on se sert des pronoms *le mien, le tien, le sien, etc*. Au lieu de dire *ma part est plus petite que votre part ;* dites *ma part est plus petite que* LA VÔTRE.

3º Les pronoms démonstratifs s'emploient d'une manière analogue. Au lieu de dire : *Les villes d'Asie sont plus peuplées que les villes d'Afrique*, on dira : *Les villes d'Asie sont plus peuplées que* CELLES *d'Afrique*.

1. Evite ce qui peut nuire *à toi* et rendre *toi* désagréable aux yeux des autres.

2. L'imagination d'autrui nous dupe aussi souvent que *notre imagination*.

3. Les cornes sont la défense des taureaux, l'aiguillon *la défense* de l'abeille, la raison *la défense* de l'homme.

4. Les hommes qui ont le plus vécu ne sont pas *les hommes* qui ont compté le plus d'années, mais *les hommes* qui ont le mieux profité du temps.

5.° La meilleure leçon est *la leçon* des exemples.

6. La marine anglaise est plus nombreuse que *notre marine*, les Américains ne sont pas moins fiers de *leur marine*.

7. L'homme qui fait une injure à quelqu'un est plus à plaindre que *l'homme* qui souffre *l'injure*.

8. On allége sa douleur en soulageant *la douleur* des autres.

9. Notre maison est agréable, mais *votre maison* est plus commode.

10. Quand les enfants demandent des choses déraisonnables, on refuse *ces choses à eux*; ce serait nuire *à eux* que de contenter de tels désirs.

———

Leçon 41. — Analyse.

Reconnaître les noms, les adjectifs, l'article et les pronoms. Donner les indications ordinaires.

> Nulle paix pour l'impie. Il la cherche, elle fuit ;
> Et le calme en son cœur ne trouve point de place.
> Le glaive au dehors le poursuit,
> Le remords au dedans le glace.

———

Leçon 43. — Exercice oral.

Que pensez-vous de moi ?
Je ne m'y fierai point.
Il n'en veut plus.
Ma plume vaut mieux que la vôtre.
L'arbre qu'on voit d'ici.
L'ami auquel je me fie.
L'un crie, l'autre joue.
Pardonnez à autrui.
Nous la saisirons.

Apporte ton livre et le mien.
Celui qui sortira.
Frappez quiconque se présentera.
Mettez-y plus de soin.
Les dons desquels je vous suis reconnaissant.
Emportez vos outils, ils prendront les leurs.
A quoi vous occupez-vous ?

Leçon 44. — Thème.

Entre deux expressions proposées, choisir celle qui convient.

1. Celui qui *ce* ou *se* croit habile, *ce* ou *se* trompe souvent.

2. *Ce* ou *se* que l'on a donné ne saurait *ce* ou *se* reprendre.

3. Les histoires et les fables me plaisent également : *celles-ci* ou *celles-là* m'instruisent; *celles-ci* ou *celles-là* me délassent.

4. *Votre* ou *vôtre* ami est bien à plaindre, à cause de tout *ce* ou *se* qui lui arrive de fâcheux.

5. Il n'est rien qu'on *ce* ou *se* persuade si facilement que *ce* ou *se* qu'on désire.

6. *Votre* ou *vôtre* crainte est plus fondée que la *notre*, *nôtre*.

7. Sait-il bien *ce* ou *se* qu'il *ce* ou *se* propose de faire?

8. La vertu et le vice ont des fins bien différentes : *celui-ci* ou *celui-là* conduit à la mort, *celle-ci* ou *celle-là* conduit à la vie.

9. L'indiscret *ce* ou *se* repent souvent de *ce* ou *se* qu'il a dit.

10. Leurs revenus sont considérables, mais les *notres* ou *vôtres* sont plus sûrs.

Leçon 45. — Analyse.

Il suffit d'analyser les mots marqués *en italique.*

1.   *Chacun* a son idée :
    La vôtre est de rester, *la mienne* est de sortir.

2. Hippias *se* trouble; *il* sent *je* ne sais *quoi* de divin *qui* *l'*étonne et *qui l'*accable.

3. Apportez-*moi la* somme *dont j'*ai besoin.

4. Tombés dans *ce* mauvais pas, *ils s'en* tirèrent très-bien *l'un et l'autre.*

CHAPITRE V.

Verbe.

—

Leçon 46. — Exercice oral.

Verbes AVOIR et ÊTRE. Indiquer le mode, le temps, la personne et le nombre.

Nous serons.	J'avais été.	Tu fus.
Ils auraient.	Il aurait eu.	Il a été.
Qu'ils soient.	Ils eurent.	Vous étiez.
Qu'ils fussent.	Nous fûmes.	Nous aurons.
Tu avais.	J'ai eu.	Vous serez.
Tu avais eu.	Nous aurions.	Que j'aie.
Ayons.	Nous serions.	Que tu fusses.
Qu'ils eussent été.	Que vous ayez.	Vous eûtes.
Que nous eussions eu	Il aura été.	Ils seraient.
Vous aviez.	Nous aurons eu.	Qu'ils fussent.
Que vous fussiez.	Soyez.	Il eût été.
J'aurais.	Vous avez.	Tu avais été.
Nous avions.	Que tu sois.	Ils auraient eu.
Tu auras.	Ils avaient eu.	Que j'aie été.
Ils avaient.	Vous seriez.	Que tu sois.

Leçon 47. — Thèmes.

Remplacer le mot *italique* par le temps indiqué. Le nombre et la personne résultent des autres mots de la phrase.

1. *J'avoir (pas. déf.)* alors une cruelle maladie dont j'*être (pas. indéf.)* bien longtemps affaibli.
2. *Avoir (impér.)* de la patience, *être (impér.)* laborieux et probe, et tu *être (futur)* sûr de réussir.
3. Si vos devoirs *être (ind. imp.)* terminés, vous *avoir (cond. pr.)* toute satisfaction.
4. Nous *être (pas. indéf.)* repris sévèrement parce que nous *être (ind. imp.)* coupables.
5. Dieu dit : Que la lumière *être (subj. pr.)* et la lumière *être (pas. déf.).*
6. De tels amis *être (fut.)* toujours dangereux.
7. Je veux que tu *avoir (subj. pr.)* un souvenir de moi.
8. S'il nous avait eus en son pouvoir, nous *être (cond. pas.)* bien malheureux.
9. *Etre*-tu sage ? tu *n'avoir* pas lieu de t'en repentir *(futur).*
10. Nous *être (cond. pas.)* à notre poste, si le temps nous l'*avoir (ind. imp.)* permis.

———

Leçon 48. — Thème.

.(Suite.)

1. Il n'y *avoir (ind. pr.)* que les grandes nations qui *avoir (subj. pr.)* des armées.
2. Rome, quelque gouvernement qu'elle *avoir (subj. pas.),* *être (pas. déf.)* toujours heureuse dans ses entreprises.
3. Quels que *être (subj. pr.)* les humains il faut vivre avec eux.
4. Dans toutes vos actions, écoutez votre conscience et *être (impér.)* lui fidèle.

5. S'il *avoir* (*ind. pl.-q.-parf.*) plus de patience, il *avoir* (*cond. pr.*) échappé à ce danger.

6. Combien vous *être* (*futur*) heureux si vous *être* (*ind. pr.*) fidèle à vos engagements !

7. Les vieillards *être* (*pas. déf.*) surpris que ma réponse *être* (*subj. imp.*) précisément celle de Minos.

8. Il *avoir* (*cond. pr.*) dû, s'il *être* (*ind. imp.*) innocent, se constituer prisonnier.

9. N'*avoir* (*imp.* 1*re pers. pl.*) qu'un expédient, mais qu'il *être* (*subj. pr.*) bon.

10. Il *être* (*cond. pas. 2e forme*) dangereux de sortir.

Leçon 49, — Thème.

(*Suite.*)

1. *Avoir* (*impér.*) tous confiance en Dieu ; ne *être* (*impér.*) point inquiets sur votre avenir.

2. Je ne crois pas que tu *avoir* (*subj. pl.-q.-parf.*) plus de patience que moi dans cette affaire.

3. J'*avoir* (*ind. pl.-q.-parf.*) un triste pressentiment de ce malheur.

4. Il suffit d'*être* (*infin. passé*) dupe une fois pour se tenir sur ses gardes.

5. Si vous *être* (*cond. pas. 2e forme*) là, vous m'*avoir* (*cond. pr.*) soutenu.

6. Il ne suffit pas d'*avoir* (*infin. passé*) des peines pour compatir à celles des autres.

7. Ne vous souvenez plus qu'il vous *avoir* (*subj. pr.*) offensé.

8. *Être* (*impér.*) vif et pressé dans vos narrations.

9. Il m'*avoir* (*cond. pr.*) tenu lieu d'un père et d'un ami.

10. Et quel *être* (*ind. imp.*) pour vous ce sanglant hyménée, Si j'*être* (*subj. imp.*) arrivé trop tard d'une journée ?

Leçon 50. — Analyse.

Indiquer le mode, le temps, le nombre et la personne des verbes *avoir* et *être*.

1.   Qui que tu sois, voici ton maître ;
       Il l'est, le fut ou le doit être.

2. J'ai faim ; ayez pitié de moi, dit le pauvre.
3. L'argent est comme le temps : n'en perdez pas et vous en aurez assez.
4. Les Lapons n'eurent jamais d'autre bétail que le renne.
5. L'homme recueillera ce qu'il aura semé.
6. Si tu étais docile tu serais aimé.
7. Jamais nous n'aurions eu de faute à regretter, si nous avions toujours suivi la voix de notre conscience.
8. Si j'eusse fait deux pas de plus je serais tombé dans le précipice.
9. Soyez sûr qu'il aurait le prix, s'il était plus attentif.
10. Je n'aurais jamais pensé que vous fussiez malade.

Leçon 51. — Exercice oral.

Reconnaître les mots qui sont des verbes. Remarquer particulièrement quelques homonymes.

On fête ici votre arrivée.	Donnez-nous nos portions.
Nous célébrerons cette fête.	Nous portions de la laine.
Paul a un signe à la joue.	Cela valait trois francs.
Je signe votre permission.	Ce valet m'ennuyait.
Ne joue pas avec le feu.	Tu cours à ta perte.
Approchez ce vase.	Suivez le cours de la rivière.
Chasse donc cet importun.	Il sommeille à son aise.
J'assistais à cette chasse.	Le sommeil nous fuit.
Les poules couvent dans la cour.	Elle noue un ruban.
Le couvent était désert.	Pars et reviens vite.

Leçon 52. — Thème.

PREMIÈRE CONJUGAISON. Traduire par le pluriel les verbes écrits au singulier, et mettre au singulier ceux qui sont au pluriel.

Ainsi l'on écrira : Nous séparions, il adorera, etc.

Je séparais. Ils adoreront. Tu plantas. Vous adoriez. Que vous adorassiez. Que je questionne. Je vantai. Qu'ils occupassent. Il eût gagné Gagne. Vous eussiez chanté. Tu joueras. Il avait planté. Tu porterais. Qu'ils flattassent. Tu donnas. Il aurait demandé. Ils éprouveraient. Que tu éprouves. Que je jouasse. Nous portâmes. Tu eus demandé. Nous brûlions. J'estimai. Que j'eusse imité. J'eus imité. Tu as divisé. Cherchons. Qu'ils aient abhorré. Qu'ils abaissassent. Tu atténuerais. Nous avons séparé. Tu estimas. Il eut chanté. Il eût chanté. Nous aurons apporté. Que vous eussiez divisé.

———

Leçon 53. — Thème.

Remplacer l'infinitif par le temps indiqué. Le nombre et la personne résultent des autres mots de la phrase.

1. Par leurs services, ils *mériter (ind. pr.)* de l'avancement.
2. Vous *examiner (futur)* à loisir cette affaire.
3. Il *égaler (pas. indéf.)* par sa gloire les hommes supérieurs.
4. Calchas *ordonner (pas. déf.)* le sacrifice d'Iphigénie.
5. Nous *rencontrer (pas. déf.)* des paysans qui *porter (ind. imp.)* un blessé.
6. Croyez-vous bien que les Égyptiens *abhorrer (subj. imp.)* les hommes à cheveux roux ?
7. Vous ne *trouver (cond. pr.)* pas quelqu'un qui *flatter (subj. imp.)* vos caprices.
8. Les hommes, *oublier (part. pr.)* l'auteur de l'univers, *adorer (pas. déf.)* le soleil qui les *éclairer (ind. imp.)* et la lune qui *présider (ind. imp.)* à la nuit.

9. On ne croyait pas que les Grecs *triompher* (*subj. pl.-q.-parf.*) de tous leurs ennemis.

Leçon 54. — Thème.

Verbes terminés à l'infinitif en *cer*, en *ger*, en *ier*, en *yer*.

OBSERVATIONS. 1º Dans les verbes terminés en *cer*, on met une *cédille* sous le ç devant *a*, *o*. *Il menaça, nous avançons.*

2º Dans ceux terminés en *ger*, on met un *e* après le *g* dans les mêmes cas : *vous changeâtes, nous partageons.*

3º Dans ceux terminés en *ier*, en *yer*, en *ouer*, en *uer*, on écrit aux deux premières personnes plurielles de l'imparfait de l'indicatif et du présent du subjonctif : *Nous priions, vous essuyiez, que nous louions, que vous distribuiez,* parce que ce dernier *i* appartient à la terminaison de ces temps et que la voyelle ou la diphtongue qui précède appartient au radical.

1. Nous *placer* à tort le mérite dans les talents et nous *négliger* la vertu (*ind. pr.*).
2. Le lion *partager* (*pas. déf.*) la proie à son profit.
3. Le roi se *décharger* (*ind. imp.*) sur le cardinal du poids des affaires.
4. Nous *renoncer* (*ind. pr.*) à vous dire tous nos malheurs.
5. Nous nous *efforcer* (*pas. déf.*) vainement de le consoler.
6. Je me *douter* bien que vous n'*étudier* pas pendant mon absence (*ind. imp.*).
7. Il faut que vous *déblayer* ces ruines et que vous *employer* même beaucoup d'ouvriers (*subj. pr.*).
8. Pendant que vous *amplifier* mes torts, le général *accepter* ma justification (*ind. imp.*).
9. J'*avoir* (*cond. pas.*) toute ma présence d'esprit si vous ne me *troubler pas* (*ind. pl.-q.-parf.*).

Leçon 55. — Analyse.

Laisser les mots compris entre des parenthèses. Donner sur tout le reste les détails ordinaires.

> (Pour) contenter ses frivoles désirs,
> L'homme insensé (vainement) se consume.
> Il trouve l'amertume
> Au milieu des plaisirs.

———

Leçon 56. — Exercice oral (ou écrit).

SECONDE CONJUGAISON. Indiquer à quelle conjugaison appartient chacun des verbes suivants ; dire le mode, le temps, la personne et le nombre.

Nous travaillerions.	Que je prie Dieu.	Ne le punissez pas.
Il obéirait.	Ils s'évanouissent.	J'employais.
Ils se nourrissent.	Vous rougissez.	Nous embellissons.
Avertissez-moi.	Nous essuyons.	Je nourrirai.
On le bannira.	Ils ternissaient.	Que j'essaye.
Je vous apprécie.	Obéirait-il ?	Ils négocieront.
Vous remplirez.	Tu amplifies.	Vous arrondiriez.

———

Leçon 57. — Thème.

Mettre le temps indiqué.

1. Que de pauvres on *nourrir* (*cond. pr.*) avec ce que vous perdez !
2. *Assujettir* (*impér.*) vos enfants à l'obéissance.
3. Je n'*adoucir* (*futur*) point votre position, parce que vous *trahir* (*pas. indéf.*) ma confiance.
4. Sa folle gaieté ne *tarir* (*ind. imp.*) pas.
5. Croyez-vous que l'absence nous *guérir* (*subj. pr.*) de tant de maux ?
6. Nous *avertir* (*pas. déf.*) le maréchal de notre arrivée.
7. La vue des serpents nous *remplir* (*ind. imp.*) de terreur.

8. Il le *punir* (*cond. pas.* 1ʳᵉ *forme*) s'il le *saisir* (*indic. pl.-q.-parf.*) dans l'obscurité.

9. Tobie *ensevelir* (*ind. imp.*) pieusement les morts.

10. Il ne faut point que la lumière *ternir* (*subj. pr.*) ces couleurs.

Leçon 58. — Thème.

Même sujet. Verbes *Bénir* et *Haïr*.

1. Je veux qu'il *remplir* (*subj. pr.*) sa tâche; il fallait même qu'il la *remplir* (*subj. imp.*) hier.

2. Tout en se donnant des marques de tendresse, elles se *haïr* (*ind. pr.*) cordialement.

3. De tels soins *adoucir* (*cond. pr.*) ma peine.

4. L'envieux est un être insociable que tout le monde *hair* et qui se *hair* lui-même (*ind. pr.*).

5. Nous ne *subir* (*cond. pr.*) pas une telle honte.

6. En sortant de l'Egypte, les enfants de Jacob emportèrent ses cendres *bénies* ou *bénites*.

7. A la mort s'*évanouir* (*futur*) toutes les illusions qui *remplir* (*ind. pr.*) notre cœur.

8. La reine fut toujours fidèle à porter un scapulaire *béni* ou *bénit*.

9. Nous *gravir* (*ind. pl.-q.-parf.*) avec peine ces hautes montagnes.

10. Souvent ce que nous *hair* (*pas. déf.*) autrefois est ce que nous préférons aujourd'hui.

Leçon 59. — Thème.

Traduire par le pluriel tous les mots qui sont au singulier, et mettre au singulier ceux qui sont au pluriel.

1. Le méchant qui ourdit cette trame se prépare le plus violent déplaisir.

2. Nous fléchissions sous ces fardeaux pesants.

3. Corrige attentivement ton devoir, si tu désires la récompense promise.

4. Vous arriverez plus tôt que vos amis.

5. Malgré mon inquiétude, je le quittai aussitôt, et je lui souhaitai toute la félicité possible.

6. Tâchez de devenir meilleurs ; ôtez-nous ces vifs sujets de plaintes.

7. Où étiez-vous donc ? — Nous étions dans les champs voisins à regarder les blés couchés par les vents.

8. Cet enfant crie et s'apaise, il boude et il joue, sans que je saisisse pourquoi il change si vite.

Leçon 60. — Exercice oral (ou écrit).

TROISIÈME CONJUGAISON. Indiquer à quelle conjugaison appartient chacun des verbes suivants ; dire le mode, le temps, la personne et le nombre.

Ils devaient.	Il certifie.	Qu'on le doive.
Nous glisserions.	Apercevant.	Remerciez-le.
J'ai aperçu.	Vous reçûtes.	Nous établîmes.
Vous bégayez.	Ils parlèrent.	Que je dusse.
On concevra.	Nous devons.	Nous apportions.
Vous maigrissez.	Balayez la cour.	Il se brise.
Que je lie.	Je suis déçu.	Concevez cela.

Leçon 61. — Thème.

Mettre le temps indiqué.

1. Il *devoir* (*ind. pr.*) être *avertir* (*part. pas.*) qu'on ne le *recevoir* (*futur*) pas à Vienne.

2. Je ne *concevoir* (*ind. imp.*) pas qu'on *être* (*subj. imp.*) d'une autre opinion que moi sur ce sujet.

3. Nous *apercevoir* (*pas. déf.*) un requin qui suivait le vaisseau.

4. Après *recevoir* (*infin. passé*) ma lettre, il *continuer* (*pas. indéf.*) ses invectives.

5. Comment ! je lui *redevoir* (*cond. pr.*) encore tout ce que
   je *payer* (*pas. indéf.*) pour lui ?

6. S'il *gravir* (*ind. pl.-q.-parf.*) ces montagnes, il y *apercevoir* (*cond. pas.* 1re *forme*) le lac.

7.   Que vous me *décevoir* (*ind. imp.*), folles illusions !

8. J'*ignorer* (*ind. imp.*) que vous *percevoir* (*subj. pl.-q.-
   parf.*) des droits aussi élevés.

9. Croyez-vous qu'ils *apercevoir* (*subj. pas.*) le piége ?

10. *Etre* (*ind. pr.*) -vous sûr que la délibération *devoir*
    (*subj. pr.*) finir ce soir ?

Leçon 62. — Analyse.

Laisser les mots compris entre des parenthèses. Donner sur
tout le reste les détails ordinaires.

1. Le malheur ajoute un nouveau lustre (à) la gloire des
   grands hommes.

2. Accordez cette grâce aux larmes (de) sa mère.

Leçon 63. — Thème.

Traduire les verbes suivants du singulier au pluriel ou du pluriel au singulier.

Ainsi l'on dira : Nous avancerons, il gagnerait, etc.

J'avancerai. Ils gagneraient. Tu protégeas. Il ensevelirait.
Vous vieillissez. Que vous receviez. Qu'ils reçussent.
J'eus nagé. Nous eussions nagé. Ils eussent aperçu. Ban-
nissez. Ils auraient parlé. Je m'attendrissais. Ils mena-
cèrent. Je change. Nous concevons. Qu'ils eussent
aperçu. Que je dusse. Que je doive. Vous brillez. Brillez.
Ils auraient conçu. Nous percevions. Que nous percevions. Ils acquiescèrent. Je force. Nous forcions. Que tu
épouvantes. Ils tueront. Je réconciliais. Je payai. Il
broya. Que vous dussiez. Ils eussent aperçu. Tu auras

reçu. Ils redevraient. Nous percevons. J'appuyais. Que tu payes. Qu'ils nageassent.

QUATRIÈME CONJUGAISON. Indiquer à quelle conjugaison appartient chacun des verbes suivants ; dire le mode, le temps, la personne et le nombre.

On arrive.	Sauvez-moi.	Que vendez-vous ?
Nous descendons.	Étendons cela.	J'ai attendu.
Ils ont perdu.	Répondez enfin.	Ils vieilliront.
Suspendez ce fil.	Ils pâlissent.	Nous polirons.
Remplissez l'urne.	Je comprends bien.	Ces choses s'allient.
Tu rompis l'épée.	Il vous tondra.	Vous salissez tout.
Il te confondra.	On vous demande.	Ils se morfond.

Mettre le temps indiqué.

1. Les infidèles *mordre* (*ind. imp.*) la poussière sous le fer de Renaud.
2. Faut-il encore que je *perdre* (*subj. pr.*) mon temps et ma peine ?
3. Ils se *défendre* (*pas. déf.*) avec un courage qui nous *étonner* (*pas. déf.*).
4. On nous *tendre* (*ind. pl.-q.-parf.*) des piéges que nous *éviter* (*pas. déf.*).
5. Nous ne *supposer* (*ind. imp.*) qu'ils *perdre* (*subj.-pl.-q.-parf.*) tant de soldats.
6. Vous *entendre* (*futur*) la vérité ; je ne *manquer* (*futur*) pas à mon devoir.
7. Quand ils *vendre* (*futur passé*) leur chaumière, ils ne *trouver* (*futur*) point d'asile.
8. Avant de partir, il faut que vous *confondre* (*subj. pr.*) ce traître.

9. On me *gronder* (*pas. déf.*) pour *répondre* (*infin. pas.*) cela.

10. Croirait-on que ces Romains dégénérés *vendre* (*subj. imp.*) ainsi leurs suffrages ?

Leçon 66. — Thème.

Même sujet. Verbes *rompre, peindre, absoudre*, etc.

1. Je *craindre* (*ind. pr.*) Dieu et n'ai point d'autre crainte.

2. Je ne *rompre* (*ind. pr.*) pas un traité légalement consenti.

3. Nous *suspendre* (*pas. déf.*) tristement nos lyres aux saules de l'Euphrate.

4. Ces nuages se *fondre* (*futur*) en des torrents de pluie. Les colons d'Alger *fonder* (*futur*) de nouveaux villages.

5. Le succès n'*absoudre* (*ind. pr.*) pas toutes les entreprises.

6. *Peindre* (*impér.* 1re *pers. sing.*)-moi fidèlement la douleur d'Antigone.

7. *Apprendre* à te connaître et *descendre* en toi-même (*impér.*)

8. Vous *entendre* (*pas. déf.*) les yeux baissés ces reproches sanglants.

9. Croyez-vous qu'il *confondre* (*subj. passé*) ces hommes audacieux ?

10. Roger *perdre* (*ind. pl.-q.-parf.*) toute sa fortune au jeu.

Leçon 67. — Analyse.

Laisser ce qui est compris entre des parenthèses. Donner sur le reste les indications ordinaires.

1. La vérité perce (toujours) les ténèbres qui l'environnent.

2. L'espérance anime les courages, la crainte resserre tous les cœurs.

Leçon 68. — Exercice oral.

Formation des temps.

Donnez les temps dérivés de l'infinitif *avertir.*
—   —   du part. prés. *avertissant.*
—   —   du part. pas. *averti.*
—   —   du prés. ind. *j'avertis.*
—   —   du passé déf. *j'avertis.*

Donnez les temps dérivés de l'infinitif *entendre.*
—   —   du part. prés. *entendant.*
—   —   du part. pas. *entendu.*
—   —   du prés. ind. *j'entends.*
—   —   du pas. déf. *j'entendis.*

Donnez les temps dérivés de l'infinitif *engager.*
—   —   du part. prés. *engageant.*
—   —   du part. pas. *engagé.*
—   —   du prés. ind. *j'engage.*
—   —   du pas. déf. *j'engageai.*

Donnez les temps dérivés de l'infinitif *percevoir.*
—   —   du part. prés. *percevant.*
—   —   du part. pas. *perçu.*
—   —   du prés. ind. *je perçois.*
—   —   du pas. déf. *je perçus.*

Donnez les temps dérivés de l'infinitif *bâtir.*
—   —   du part. prés. *bâtissant.*
—   —   du part. pas. *bâti.*
—   —   du prés. ind. *je bâtis.*
—   —   du pas. déf. *je bâtis.*

Donnez les temps dérivés de l'infintif *répondre.*
—   —   du part. prés. *répondant.*
—   —   du part. pas. *répondu.*
—   —   du prés. ind. *je réponds.*
—   —   du pas. déf. *je répondis.*

Leçon 69. — Analyse.

Laisser les mots compris entre les parenthèses. Donner sur tout le reste les indications d'usage.

1. Je vous donnerai un conseil salutaire, (et, pour) récompense, je (ne) vous demande (que) le secret.
2. Vanter sa race, c'est le mérite des autres.

Leçon 70. — Thème.

Mettre les temps indiqués.

1. Où *être* (*cond. pr.*) notre gloire si nous nous *glorifier* (*ind. imp.*) nous-mêmes ?
2. Nous *avancer* par la crainte les maux qui *devoir* nous arriver (*ind. pr.*).
3. Environnés d'une foule d'écueils, nous *envisager* (*ind. pr.*) l'avenir avec défiance.
4. Un père *chérir* ses enfants, mais il *haïr* leurs mauvaises inclinations (*ind. pr.*).
5. Quand nous *nager* dans l'abondance, nous ne *songer* point aux besoins d'autrui (*ind. pr.*).
6. On ne *reprendre* avec art que ceux qu'on *craindre* ou qu'on *aimer* (*ind. pr.*).
7. Essayer (*impér.*) de tous les plaisirs, et vous *juger* (*futur*) combien ils *être* (*ind. pr.*) vides.
8. Nous *apprécier* (*cond. pr.*) bien mieux la nature si nous l'*étudier* (*ind. imp.*) dans ses merveilles et non dans les livres.
9. Souvent le ciel *être* (*cond. pr.*) injuste s'il *exaucer* (*ind. imp.*) nos prières.
10. Ils n'*apercevoir* tout au plus que de vaines ombres qui n'*avoir* rien de réel (*ind. pr.*).

Leçon 71. — Exercice oral (ou écrit).

VERBES IRRÉGULIERS. Formation des temps: on peut présenter de la manière suivante les temps primitifs et les temps dérivés.

De l'infinitif offrir :   *Futur,* j'offrirai, tu offriras, etc.

                • *Cond. pr.* j'offrirais, tu offrirais, etc.

Du part. présent offrant: *Prés. plur.* nous offrons, vous offrez, etc.

                   Imparf. J'offrais, tu offrais, etc.

                   Subj. prés. Que j'offre, que tu offres, etc.

Du part. pas. offert :   *Pas. indéf.* J'ai offert, tu as offert, etc.

                   Pas. ant. J'eus offert, tu eus offert, etc.

                   Pl.-q.-parf. J'avais offert, tu avais offert, etc.

                   Fut. pas. J'aurai offert, tu auras offert, etc.

                   Cond. pas. J'aurais offert, tu aurais offert ; 2e *forme.* J'eusse offert, tu eusses offert.

                   Subj. pas. Que j'aie offert, que tu aies offert, etc.

                   Subj. pl.-q.-parf. Que j'eusse offert, que tu eusses offert, etc.

Du prés. ind. J'offre :   *Impér.* Offre.

Du pas. déf. J'offris, tu offris.   *Subj. imp.* Que j'offrisse, que tu offrisses, etc.

Donnez les temps dérivés de l'infinitif *nuire.*
    —   —   du part. prés. *nuisant.*
    —   —   du part. pas. *nui.*
    —   +   du prés. ind. *je nuis.*
    —   —   du pas. déf. *je nuisis.*
Donnez les temps dérivés de l'infinitif *atteindre.*
    —   —   du part. prés. *atteignant.*
    —   —   du part. pas. *atteint.*
    —   —   du prés. ind. *j'atteins.*
    —   —   du pas. déf. *j'atteignis.*

Donner les temps dérivés de l'infinitif *lire.*

—	—	du part. prés. *lisant.*
—	—	du part. pas. *lu.*
—	—	du prés. ind. *je lis.*
—	—	du pas. déf. *je lus.*

Donnez les temps dérivés de l'infinitif *dormir.*

—	—	du part. prés. *dormant.*
—	—	du part. pas. *dormi.*
—	—	du prés. ind. *je dors.*
—	—	du pas. déf. *je dormis.*

Leçon 72. — Thème.

Rappel des anciennes leçons. Changer les mots marqués en *italique;* employer des pronoms ou des adjectifs déterminatifs.

1. La fortune des joueurs change avec la même promptitude que les dés que *les joueurs* jettent.
2. Il n'y a d'homme véritablement esclave que *l'homme* qui se vend lui-même.
3. Les maximes des méchants dévoilent *le cœur des méchants.*
4. Nous croyons mener les choses, mais ce sont *les choses* qui nous mènent.
5. Si vous craignez Dieu vous ne devez craindre que *Dieu.*
6. L'homme sensé ne répond jamais aux injures qu'on adresse *à l'homme sensé.*
7. La mort sépare les amis et rejoint *les amis.*
8. On augmente son bonheur en partageant *son bonheur* avec un ami.
9. Vous récréerez votre esprit par la variété des objets que vous offrirez *à votre esprit.*
10. Ils ont béni le ciel qui a accordé *à eux* un roi si digne de *l'amour d'eux.*

Leçon 73. — Analyse.

1. Celui qui sème l'injustice récolte la haine, la vengeance.
2. Le temps renverse tout ce qu'il élève.

Leçon 74. — Thème.

Mettre les temps indiqués.

1. Tibère *exercé* (*pas. déf.*) ses vengeances avec une cruauté réfléchie.
2. J'attendrai que vous *négocier* (*subj. pas.*) le billet.
3. Pendant que vous *dénouer* cette intrigue, votre rival se *ménager* un succès plus éclatant (*ind. imp.*).
4. Il ne faut pas que vous *attribuer* (*subj. pr.*) ce succès au hasard, mais à la Providence.

> *Répondre* (*impér.*) à ma voix qui t'appelle;
> *Interrompre* (*impér.*) tes chants gracieux.

6. Qui *penser* (*cond. pas.*) que nous *devoir* (*subj. imp.*) vous perdre si tôt ?
7. On désire que vous *allier* (*subj. pr.*) ces deux métaux.
8. Une foule de nymphes *nager* (*ind. imp.*) derrière le char d'Amphitrite.
9. C'est ainsi qu'en rêvant *je résoudre* (*ind. pr.*) ce problème.
10. *Bannir* (*impér.*) le soupçon de votre âme *inquiet*.

Leçon 75. — Exercice oral (ou écrit).

Verbes irréguliers ; formation des temps. Remarquez les irrégularités nombreuses des verbes *aller* et *envoyer*. Donnez le mode, le temps, la personne et le nombre.

Nous enverrons.	Ira-t-il ?	Nous envoyions.
On y va.	Nous allons.	J'irais.
Tu allais.	J'ai envoyé.	Ils iront.
Vous enverriez.	Que tu allasses.	J'eusse envoyé.
Que j'envoie.	Nous envoyons.	Que j'eusse envoyé.

Nous enverrons.	Que vous envoyassiez	Vous eûtes envoyé.
Vous iriez.	Que vous envoyiez.	Iraient-ils?
Allez.	Nous allâmes.	Que tu envoies.

Leçon 76. — Theme.

Suite des verbes irréguliers.

Donner le temps indiqué. Outre les deux tableaux (*pages* 35 *et* 36 *de la* grammaire), il faut consulter la *nomenclature* des verbes irréguliers, à la fin du volume.

1. Au dernier jour, Dieu *envoyer* (*futur*) son Fils pour juger les hommes.
2. Vous ne savez pas jusqu'où *aller* (*ind. pr.*) l'audace de vos ennemis.
3. Ses défauts lui *nuire* (*pas. déf.*) encore plus que ses adversaires.
4. Les assiégés ne voulurent point se rendre, quoique nous leur *offrir* (*subj. pl.-q.-parf.*) des conditions honorables.
5. Croyez-vous que notre messager *atteindre* (*subj. pr.*) les fugitifs?
6. Pendant que vous *dormir* (*ind. imp.*) le feu a failli prendre chez vous.
7. Tu *aller* (*cond. pr.*) bien à pied jusqu'à Orléans?
8.   On craignait qu'Amurat
   N'*envoyer* (*subj. imp.*) demander la tête de son frère.
9. Ne pensez pas que je vous *offrir* (*subj. pr.*) de vous reconduire chez vous.
10. Ton tuteur ne veut pas que tu *aller* (*subj. pr.*) à la campagne.

Leçon 77. — Exercice oral (ou écrit).

Donner les temps dérivés de l'infinitif *tenir*.

—	—	du part. prés. *tenant*.
—	—	du part. pas. *tenu*.
—	—	du prés. ind. *je tiens*.
—	—	du pas. déf. *je tins*.

Donner les temps dérivés de l'infinitif *naitre*.

		du part. prés. *naissant*.
—	—	du part. pas. *né*.
—	—	du prés. ind. *je nais*.
—	—	du pas. déf. *je naquis*.

Donner les temps dérivés de l'infinitif *mourir*.

		du part. prés. *mourant*.
—	—	du part. pas. *mort*.
—	—	du prés. ind. *je meurs*.
—	—	du pas. déf. *je mourus*.

Donner les temps dérivés de l'infinitif *craindre*.

		du part. prés. *craignant*.
—	—	du part pas. *craint*.
—	—	du prés. ind. *je crains*.
—	—	du pas. déf. *je craignis*.

Leçon 78. — Analyse.

Donner les indications ordinaires sur tous les mots.

1. L'immortalité console les grands hommes des persécutions qu'ils éprouvent.

2. Le premier qui fut roi fut un soldat heureux.

Leçon 79. — Exercice oral (ou écrit).

Donner les temps dérivés de l'infinitif *voir*.

		du part. prés. *voyant*.
—	—	du part. pas. *vu*.
—	—	du prés. ind. *je vois*.
—	—	du passé déf. *je vis*.

Donner les temps dérivés de l'infinitif *vivre*.

		du part. prés. *vivant*.
—	—	du part. pas. *vécu*.
—	—	du prés. ind. *je vis*.
—	—	du pas. déf. *je vécus*.

Donner les temps dérivés de l'infinitif *pouvoir*.

—	—	du part. prés. *pouvant.*
—	—	du part. pas. *pu.*
—	—	du prés. ind. *je peux.*
—	—	du pas. déf. *je pus.*

Donner les temps dérivés de l'infinitif *courir*.

—	—	du part. prés. *courant.*
—	—	du part. pas. *couru.*
—	—	du prés. ind. *je cours.*
—	—	du pas. déf. *je courus.*

Leçon 80. — Thème.

Donner les temps indiqués ; consulter la *nomenclature* des verbes irréguliers.

1. Quand vous *pouvoir (cond. pr.)* courir encore pendant une heure vous n'*arriver (cond. pr.)* pas à temps.
2. Vous *voir (futur)* encore que c'est lui qui a raison.
3. Il fallait que vous *tenir (subj. imp.)* l'appartement prêt pour mon arrivée.
4. Un gros arbre *naître (futur)* de cette petite graine.
5. Croyez-vous que tous nos meubles *tenir (subj. pr.)* dans cette petite maison ?
6. Il faut que ce grand coupable *mourir (subj. prés.)* sur l'échafaud.
7. L'homme ne *mourir (futur)* pas tout entier ; son âme *vivre (futur)* éternellement.
8. *Craindre (impér.)* de vous blesser en maniant ces armes dangereuses.
9. Pourquoi fallait-il que je *naître (subj. imp.)* dans ces terres reculées.
10. Si vous *courir (ind. prés.)* après de telles entreprises, la fortune ne *courir (futur)* pas après vous.

Leçon 81. — Thème.

VERBES IRRÉGULIERS. Traduire par le pluriel les verbes qui sont au singulier, et mettre au singulier ceux qui sont au pluriel.

Consulter la *nomenclature* (*Gram.* p. 87). Remarquer que les verbes *composés* se conjuguent ordinairement comme les verbes *simples* : ainsi *accourir* comme *courir*, *s'enfuir* comme *fuir*, *devenir* comme *venir*, *revoir* comme *voir*, et une foule d'autres.

J'acquiers. Nous valons. Tu absous. Il peut. Vous atteignez. Ils offraient. Il paraît. Elles cousirent. Je bois. Je pris. Tu riais. Je connus. Nous mîmes. Vous suffisiez. Il souriait. Je survivrai. Tu survécus. Vous dites. Vous croyez. Ils croissent. Que je conduise. Nous battrons. Je plais. Ils parurent. Je mouds. Que tu pusses. Je prends. Vous suffisiez. Vous médisez. Il croîtrait. Vous buvez. Tu tiens. Il fuira. Que tu acquières. Qu'il courût. Je bouillais. Tu cueillis. Ils pourront. Tu tiens. Veuillez. Nous mouvons. Tu meurs. Ils repartent. Que tu aies pu. Je sus. Que je meuve. Ils connaissent. Ils naîtront. Tu fais. Que vous ouvriez. Il sent. Ils partent. Que vous acquissiez.

Leçon 82. — Analyse.

Donner toutes les indications ordinaires.

1. Cet apprenti casse tous les instruments dont il se sert.
2. Quel a été le plus grand capitaine du siècle? — Napoléon.

Leçon 83. — Exercice oral.

Reconnaître, dans les phrases suivantes, le sujet, le régime direct et le régime indirect. — Ce sont toujours des noms ou des pronoms, exprimés ou sous-entendus.

1. Les Gaulois soutinrent un combat meurtrier.
2.   Le tonnerre et les vents déchirent les nuages.
3. On façonne les plantes par la culture, et les hommes par l'éducation.

4. Nous vous attendions chaque jour.

5. L'or et l'argent s'épuisent; mais la vertu et la constance ne s'épuisent jamais.

6. Je vis une chose assez singulière, quoiqu'elle se passe tous les jours à Paris.

7. Quel tableau ravissant présentent les campagnes !

8. J'ai apporté aussi une pierre à ce monument.

9. Je vous aime et je vous le dirai toujours.

10. Vous conduirez à Paris mes deux enfants.

Leçon 84. — Thème.

Accord du verbe avec le sujet. — Le verbe prend toujours le nombre et la personne du sujet; s'il y a deux sujets, il se met au pluriel.

1. Mes vers, comme un torrent, *couler (ind. prés.)* sur le papier.

2. Les cœurs ambitieux ne s'*attendrir (ind. prés.)* pas.

3. Enfant, tes jours de paix *devoir (ind. prés.)* trop tôt finir.

4. Les jeunes gens *dire (ind. pr.)* ce qu'ils *faire (ind. prés.)*, les vieillards ce qu'ils *faire (pas. ind.)*, et les sots ce qu'ils *avoir (ind. pr.)* envie de faire.

5. Ceux qui *donner (ind. prés.)* des conseils, *devoir (cond. prés.)* aussi en recevoir volontiers.

6. Nous *attendre (ind. pr.)* chaque hiver que l'hirondelle et le rossignol nous *annoncer (sub. pr.)* le retour des beaux jours.

7. *Prendre (impér. 1re pers. pl.)*, vous et moi, notre parti en braves.

8. La colère et la précipitation *être (ind. pr.)* deux choses fort opposées à la prudence.

9. *Être (impér.)* vrais; de nos maux n'*accuser (impér.)* que nous-mêmes.

10. Lorsque vous *faire (futur)* l'aumône, que votre main gauche ne *savoir (subj. prés.)* point ce que *faire (ind. pr.)* votre main droite.

Leçon 85. — Analyse.

Copier les phrases ci-après et indiquer les sujets, les régimes directs et les régimes indirects. Prenez le modèle suivant, où l'on montre qu'il ne faut pas négliger les mots sous-entendus.

Aimez le travail afin que l'adversité ne vous amène pas à une grande ruine.

> *Vous*, sujet sous-entendu de *aimez.*
> *Travail*, régime direct de *aimez.*
> *Adversité*, sujet de *amène.*
> *Vous*, régime direct de *amène.*
> *Ruine*, régime indirect de *amène.*

1. Ce roi donna une grande impulsion au commerce.
2. Savez-vous la leçon qui a été donnée ?
3. Les bègues parleraient mieux s'ils se pressaient moins.
4. Je lui voue mon estime et mon amitié.
5. Votre oisiveté vous attirera de vifs reproches.

Leçon 86. — Thème.

Traduire par le pluriel les verbes qui sont au singulier, et mettre au singulier ceux qui sont au pluriel.

Que je tienne. Faites. Je voyais. Que tu voies. Qu'il pût. Tu courras. Ils accueilleraient. Nous savons. Prends. Nous mouvons. Qu'ils sortent. Qu'ils sentissent. Je fuyais. Nous mentons. Que tu offrisses. Tiens. Que je presse. Que nous voulions. Vous vêtîtes. Pars. Que vous mouriez. Tu atteignais. Je résolus. Tu craignais. Que tu viennes. Vous voudriez. Qu'ils naquissent. Nous tiendrons. Tu assieds. Tu vaux. Que vous alliez. Qu'ils bouillissent. Que nous valions. Tu atteignais. Je peignis. Que je croie. Ils défont. Tu reluisis.

Leçon 87. — Thème.

VERBES PASSIFS. Dans les phrases suivantes, il faut traduire tous les verbes de l'actif en passif ou du passif en actif, et changer de place les sujets et les régimes. N'oubliez pas que, dans les temps composés des verbes passifs, le participe doit être du même genre et du même nombre que le sujet.

1. Les vents *chassent* les nuages.
2. Une pierre tombée du ciel *a écrasé* cette femme.
3. Aucun de nous *n'encouragera* vos caprices.
4. César *fut frappé par* les conjurés dans le sénat.
5. Les Syracusains *avaient chassé* Denys le Jeune.
6. Les Arabes *cultivèrent* la poésie dès la plus haute antiquité.
7. Une troupe de sauvages nous *entoura* aussitôt.
8. Les moulins à vent *furent inventés par* les Orientaux.
9. Il fallait que le palais *fût investi par* les troupes dès le matin.
10. Dieu *protégera* ceux *qui sont délaissés par* le monde.
11. Agénor *était chéri des* Tyriens, mais personne n'o*béissait à* ce prince.

Leçon 88. — Analyse.

Donner toutes les indications ordinaires.

1. Craignez les illusions auxquelles vous vous abandonnez.
2. Nous les avons surpris cachant (dans) leurs sacs les objets qu'on réclamait

---

Leçon 89. — Thème.

Verbes à traduire de l'actif en passif ou du passif en actif.

1. Ceux *que* le conseil de guerre *a condamnés*, avaient *été saisis par* trois sergents.
2. Cicéron *était harcelé par* les émissaires de Clodius.

3. Vos ambassadeurs *eussent-ils été reçus par* le roi de Naples, si le nonce du pape ne *les eût présentés?*

4. Notre camp avait été *abandonné par* les gardes, et les sauvages *l'avaient pillé.*

5. *Seriez-vous poursuivis par* les ennemis, si les déserteurs ne *les eussent instruits* de votre départ?

6. Une telle précaution *écarterait* tous nos dangers.

7. La cerise *fut introduite* en Europe *par* Lucullus.

8. Votre impatience ne *changera* point la marche des choses.

9. Vous *êtes arrêté par* une telle crainte?

10. Nous *fûmes égarés* dans notre route *par* un guide perfide.

Leçon 90. — Exercice oral.

VERBES NEUTRES. Indiquer le mode, le temps, etc., des verbes suivants. Distinguer ceux qui sont actifs et ceux qui sont neutres. Remarquer les régimes.

Nous sommes venus.   Je serais arrivé plus tôt.
Vous dormez le jour?   Quand elle fut revenue.
Lui obéirez-vous?   Et si elle fût revenue?
Sera-t-il parti?   On passera par Lyon.
Vous rentrerez ce soir.   Tenez-le ferme.
Ce cheval me convient.   Cela vous aurait nui.
Vous seriez resté.   Qu'ils aient couru.
On nous avait obéi.   Qu'ils fussent accourus.
Prenez une médecine.   Elle était née pauvre.
Tu serais mort.   Nous serons descendus.

Leçon 91. — Thème.

Mettre le temps indiqué. Dans les verbes neutres conjugés avec l'auxiliaire *être*, comme *tomber, mourir, naître*, etc., le participe des temps composés varie au féminin et au pluriel, tandis qu'il ne change point dans ceux qui sont conjugés avec *avoir*.

1. Nous *errer* (*ind. pl.-q.-parf.*) avec impatience dans le labyrinthe.

2. Quand vous *gémir* (*fut. ant.*) pendant deux jours, en serez-vous plus avancé ?

3. J'aurai atteint mon but avant que tu *réussir* (*subj. pas.*) dans tes inutiles démarches.

4. Nous *languir* (*ind. imp.*) beaucoup à vous attendre.

5. Thèbes le maudirait s'il *régner* (*cond. pas.* 2e *forme*) sans gloire.

6. Quand elle *descendre* (*fut. ant.*) veuillez m'appeler.

7. Mon neveu et moi, nous *naître* (*pas. déf.*) la même année.

8. Je ne croyais pas qu'il *partir* (*subj. pl.-q.-parf.*) si tôt.

9. Un jour *venir* (*futur*) où vous déplorerez tout ce temps perdu.

10. Vous *obéir* (*pas. ind.*) trop vite à un mouvement de colère.

11. Je pense que quelqu'un *venir* (*pas. ind.*) pendant mon absence.

Leçon 92. — Analyse.

Copier les phrases suivantes, et indiquer les sujets, les régimes directs et les régimes indirects. — Les verbes à l'infinitif n'ont pas de sujet. Même disposition que dans la leçon 84.

1. Comment est mort cet homme puissant qui sauvait le peuple d'Israël ?

2.   Obéis si tu veux qu'on t'obéisse un jour.

3.   Ce mot m'est échappé, pardonnez ma franchise.

4. Les mêmes vertus qui servent à fonder un empire, peuvent seules le conserver.

Leçon 93. — Thème.

Mettre le temps indiqué.

1. Hélas ! si je *mourir* (*cond. pas.* 2e *forme*) enfant, je *jouir* (*cond. pas.* 1re *forme*) déjà de la vie et je n'en *connaître* (*cond. pr.*) pas les regrets.

2. Que *devenir* (*ind. pl.-q.-parf.*) Gusman pendant que vous le *chercher* (*ind. imp.*) à Florence ?

3. S'il *travailler* (*ind. pl.-q.-parf.*) davantage, le moment du repos *arriver* (*cond. pas.* 1re *forme*) pour lui.

4. Si la chaleur *continuer* (*cond. pas.* 2e *forme*), un bien plus grand nombre de malades *succomber* (*cond. pas.* 1re *forme plur.*).

5. Je n'aurais pas cru que tu *devenir* (*subj. pl.-q.-parf.*) si laborieux.

6. Quand il *dormir* (*fut. ant.*) trois heures on l'*éveiller* (*futur*).

7. Ne croyez point que Julien *régner* (*subj. pas.*) sans remords.

8. Nous *languir* (*ind. pl.-q.-parf.*) dans cette île sauvage sans recevoir aucune nouvelle de notre patrie.

9. Quand les frégades *arriver* (*pas. indéf.*) à Gibraltar, l'amiral *apprendre* (*pas. déf.*) la conclusion de la paix.

10. Elles me *contrarier* (*ind. pl.-q.-parf.*) beaucoup, pour *partir* (*infin. passé*) sans m'attendre.

———

Leçon 94. — Analyse.

Donner les indications ordinaires sur tous les mots.

1. Le doute est une mer agitée dont la religion est le seul port.

2. Je peux le voir tous les jours et j'en suis très-satisfait.

———

Leçon 95. — Thème.

VERBES RÉFLÉCHIS. Mettre le temps indiqué ; remplacer les *tirets* (—) par les pronoms que le sens réclame et qui doivent toujours être de la même personne que le sujet. Dans les temps composés, le participe s'accorde toujours avec le sujet, parce qu'il est conjugué avec *être*.

1. Nous — *efforcer* (*ind. imp.*) vainement de consoler cette pauvre famille.

2. Les morts et les vivants—*remplacer* et—*succéder* continuellement; tout—*user*; tout—*éteindre;* Dieu seul *demeurer* toujours le même (*ind. pr.*).

3. Ne reprochez à personne son infortune, de peur que vous ne—*trouver* (*subj. prés.*) quelque jour dans le même état.

4. Je—*flatter* (*ind. imp.*) qu'il *venir* (*cond. prés.*) me voir.

5. L'armée—*diviser* (*ind. pl.-q.-parf.*) en deux corps, qui devaient agir séparément.

6. Il fallait que vous—*tenir* (*subj. imp.*) tranquille.

7. Vous—*bercer* (*ind. imp*). d'une vaine espérance.

8. Ils—*perdre* (*pas. déf.*) parce qu'ils ne—*occuper* (*ind. imp.*) que de vaines intrigues.

9. La fleur de ces arbustes ne—*épanouir* (*futur*) qu'à l'automne.

10. Les vrais amis ne—*tenir* (*ind. prés.*) point à l'écart, dans l'adversité.

Leçon 96. — Thème.

Comme à la leçon précédente.

1. Qui aurait pensé que ces abus—*enraciner* (*subj. pl.-q.-parf.*) si vite?

2. Croyez-vous que nos légions—*arrêter* (*subj. pas.*) en route?

3. Les infidèles—*réjouir* (*ind. imp.*) de nous voir dans la persécution.

4. Pompée, César et Crassus—*décider* (*pas. déf.*) à prendre le commandement des provinces.

5. Qu'auriez-vous dit si nous—*emparé* (*cond. pas. 2e forme*) de vos dépouilles.

6. Les deux flottes—*préparer* (*pas. déf.*) au combat avec enthousiasme.

7. Les deux rivaux—*rencontrer* (*ind. pl.-q.-parf.*) plusieurs fois dans leurs voyages.

8. Cette maison — *vendre* (*cond. pas.* 1re *forme*) plus cher si vous *attendre* (*cond. pas.* 2e *forme*) six mois.
9. Ces papiers — *mêler* (*pas. indéf.*) par accident.

Leçon 97. — Exercice oral.

VERBES IMPERSONNELS. Distinguer les verbes impersonnels et ceux qui ne le sont point ; remarquer que plusieurs verbes actifs ou neutres peuvent être employés sous cette forme.

1. Il me tarde de voir cette fête.
2. Les honneurs qu'il a reçus sont bien mérités.
3. Il me souvient d'avoir vu ce personnage à Naples.
4. Le canon tonnait de toutes parts.
5. Il a tonné ce matin sans éclairs.
6. Il me déplaît que vous preniez ces airs.
7. Que m'importe l'opinion des hommes !
8. Il lui importait beaucoup de rester calme.
9. Vous le plaignez parce qu'il semble délaissé de tout le monde.
10. Je suis étonné qu'il n'arrive pas plus de malheurs.
11. Je n'ai pas toutes les facilités qu'il me faudrait.

Leçon 98. — Thème.

Mettre le temps indiqué ; mettre le pronom nécessaire à la place des *tirets* (—).

1. Si vous *faire* (*cond. pas.* 2e *forme*) cela, — *sembler* (*cond. pas.* 1re *forme*) que vous *perdre* (*ind. imp.*) la raison.
2. Je sais bien que — n'*arriver* (*ind. pr.*) que ce que Dieu *résoudre* (*pas. indéf.*)
3. Vous *devoir* (*ind. prés.*) savoir, que — vous *falloir* (*ind. pr.*) payer enfin cette dette.
4. — me *sembler* (*cond. prés.*) juste qu'on m'*accorder* (*subj. imp.*) du temps.

5. Si vous *reconnaître* (*ind. imp.*) la conduite équivoque de cet homme — *falloir* (*cond. prés.*) rompre avec lui.

6. On ne se souvient pas que — *geler* (*subj. pas.*) dans cette île fortunée.

7. — *importer* (*ind. imp.*) peu qui eût le dessus, de Marius ou de Sylla.

8. — *falloir* (*pas. indéf.*) que mes malheurs me *instruire* (*subj. pas.*) pour me conduire désormais avec plus de prudence.

9. Les Romains *croire* (*pas. déf.*) à un présage funeste parce que *tonner* (*ind. imp.*) à leur aile gauche.

10. Je ne crois pas que — *pleuvoir* (*subj. prés.*) aujourd'hui.

Leçon 99. — Analyse.

Reconnaître les verbes actifs, passifs, neutres, réfléchis, impersonnels.

L'exemple suivant servira de guide. Il montre, aussi bien que les leçons précédentes, que la nature du verbe dépend du sens qu'il a dans la phrase.

Si vous ne changez pas, nous ne changerons pas nous-mêmes les mesures que nous avons prises à votre égard.

Changez : verbe employé ici comme neutre.

Changerons : verbe actif, qui a pour régime direct *mesures*.

Nous avons prises : verbe actif, qui a pour régime direct *que* (*lesquelles mesures*).

1. Je marchais au milieu des sables : j'allais succomber à la soif qui m'oppressait, lorsqu'un pauvre Arabe m'offrit une cruche d'eau qu'il avait réservée pour lui.

2. Je voulus lui donner un anneau précieux que je portais au doigt.

3. L'Arabe le refusa. Il ne comprenait pas quel prix j'attachais à l'offre généreuse qu'il m'avait faite, tant elle elle lui semblait naturelle.

Comme à la leçon précédente.

1. L'homme s'incline, s'agenouille, rampe, glisse, nage, se renverse en arc, fait la roue sur les pieds et sur les mains.
2. Il lui importe peu que les éléments soient déchaînés : il traverse l'Océan, écarte la foudre de ses habitations, et rapproche les distances par la communication rapide de sa pensée.

CHAPITRE VI.

Participe.

Leçon 101. — Exercice oral.

Le *participe présent* est invariable, tandis que l'*adjectif verbal* (ou *dérivé du verbe*) prend le genre et le nombre du nom auquel il se rapporte.

Le participe présent se reconnaît souvent en ce qu'il a un régime direct, tandis que l'adjectif verbal n'en peut avoir.

Appliquer la règle ci-dessus aux phrases suivantes :

1. Nous cherchâmes un abri contre la foudre *menacer*.
2. *Prévoir* ces malheurs, nous redoublâmes les précautions.
3. Les Grecs, *cultiver* toutes les sciences, devinrent nos maîtres.
4. Nous nous montrerons *reconnaître* de vos bontés.
5. J'aimais à entendre le bruit de la cataracte *mugir*.
6. Les assiégés, toujours *prévoir*, construisirent des retranchements intérieurs.
7. Ces chefs, *gronder* par caprice leurs subordonnés, ne m'inspirent que de l'aversion.

8. La mer, *menacer* à chaque nouveau flux notre tour ruinée, nous jetait dans des craintes mortelles.

9. *Reconnaître* de grand cœur tous vos bons offices passés, nous oublions vos derniers torts.

10. Leur voix *gronder* retentissait toujours à mes oreilles.

———

Leçon 102. — Analyse.

Fournir les indications ordinaires sur tous les mots.

1. Je leur ai donné tout ce que je possédais.

2. Le bon emploi du temps est une des choses qui assurent notre félicité.

———

Leçon 103. — Thème.

Choisir entre le participe présent et l'adjectif verbal.

1. Leurs cris *déchirer* me pénétraient de compassion.

2. Je voyais ces insensés *frapper* à coups redoublés les barreaux de leurs fenêtres.

3. Je considérais les sauvages *fumer* dans de larges pipes de terre quelques feuilles de tabac.

4. Les maisons *rouler* de ces barbares étaient bien faites pour m'étonner.

5. Elle suivait, *pleurer*, échevelée, le char du triomphateur.

6. Ses traits *frapper* s'étaient profondément gravés dans mon esprit.

7. Des ruines *fumer* de la maison on entendait sortir les cris du pauvre animal.

8. Vous avez vu ces perturbateurs *rouler* à l'envi les blocs qui devaient obstruer la route.

9. N'entendez-vous pas tant de mères *pleurer* avec des sanglots leurs fils immolés ?

10. Je ne pouvais la souffrir, *déchirer* avec intention sa broderie, emportée, *médire, repousser* avec dédain toute observation.

Leçon 104. — Exercice oral.

PARTICIPE PASSÉ. *Règles.*

1º Le participe passé conjugué avec l'auxiliaire *être* s'accorde en genre et en nombre avec le sujet du verbe.

2º Il ne s'accorde jamais avec son régime.

3º Le participe passé conjugué avec l'auxiliaire *avoir* s'accorde avec son régime lorsqu'il en est précédé.

4º Il demeure invariable si le régime est placé après.

Appliquer ces règles aux phrases suivantes :

1. Mes amis vous *parler (pas. ind.)* de cette affaire.
2. Ces belles fleurs *être flétri (futur)* avant ce soir.
3. Nous oublions aisément nos fautes lorsqu'elles ne *être su (ind. pr.)* que de nous.
4. Le premier degré du pardon, c'est de ne plus parler de l'injure qu'on *recevoir (pas. ind.)*.
5. Les défauts de Pierre le Grand *ternir (pas. ind.)* ses grandes et admirables qualités.
6. Quel spectacle est préférable à celui des heureux qu'on *faire (pas. ind.)*.
7. Les peuples mêmes que l'on *regarder (pas. ind.)* comme sauvages, *admirer (pas. ind.)* les hommes justes, tempérants et désintéressés.
8. Tant qu'ils *vivre (pas. ind.)*, Racine et Boileau *obtenir (pas. ind.)* des témoignages de l'estime la plus sincère.
9. C'est à l'ombre de la paix que les arts *naître, prospérer,* et *se perfectionner (pas. ind.)*.

———

Leçon 105. — Thème.

Même sujet.

1. Nous *accepter (cond. pas. 1re forme)* vos reproches, si nous les *mériter (ind. pl.-q.-parf.)*.
2. L'adversité que nous *juger (ind. pl.-q.-parf.)* si funeste, nous *rendre (pas. ind.)* sages.

3. C'est une erreur que nous *rectifier (pas. ind.)*, aussitôt que nous la *découvrir (pas. ind.)*.

4. Que de vengeances *être exercé (pas. ind.)* dans cette funeste journée !

5. Le Télémaque et Robinson sont les livres les plus intéressants que je *lire (subj. pas.)*.

6. Comment décrire tous les maux que cette guerre *traîner (ind. pl.-q.-parf.)* après elle ?

7. En vous présentant avec cet air hautain au milieu des mécontents, vous les *blesser (cond. pas. 1re forme)*, mais je ne crois pas que vous les *intimider (sub. pl.-q.-parf.)*.

8. Que de choses nous *faire (cond. pas. 2e forme)*, si l'on nous *dire (ind. pl.-q.-parf.)* que vous les *approuver (cond. pr.)*.

9. Votre guérison me comble de joie ; un de vos enfants que je *rencontrer (pas. ind.)* me l'*apprendre (pas. ind.)*.

Leçon 106. — Thème.

Même sujet.

1. Elle voulait partir, mais je l'*engager (pas. ind.)* à rester.

2. Il nous *recommander (pas. ind.)* de lui écrire.

3. Il nous *recommander (pas. ind.)* très-vivement au maréchal.

4. Quelles gelées l'hiver nous *amener (pas. ind.)* !

5. Il nous *amener (pas. ind.)* au bord du précipice.

6. Il nous *amener (pas. ind.)* un de nos anciens amis.

7. Turenne ne voulait d'autre récompense des services qu'il *rendre (ind. pl.-q.-parf.)* à la patrie que l'honneur de la *servir (inf. pas.)*.

8. Quelles leçons nous *perdre (cond. pas. 1re forme)*, si Cicéron et Fénelon ne *se livrer (cond. pas. 2e forme)* à l'étude de la sagesse !

9. Il passa par des chemins qu'on *croire (ind. pl.-q.-parf.)* impraticables.

10. Les explications embarrassées que l'on *donner* (*pas. ind.*) sur cette conjuration, prouvent qu'on ne la *connaître* (*pas. ind.*) *pas* à fond.

11. Un de mes amis que je *consulter* (*pas. ind.*) me *donner* (*pas. ind.*) le même conseil que vous.

CHAPITRE VII.

Préposition.

Leçon 107. — Exercice oral.

Remarquer principalement les homonymes.

Il est sûr de sa grâce.
Il se tient sur un pied.
Le plus vain passe devant.
Devant voyager je mets ordre à mes affaires.
Le condamné mourut en prison.
Le puits est là, tirez-en de l'eau.
Passez derrière la table.
Tout le derrière de la maison s'écroula avec fracas.
Dès le matin il eut des frissons.

Le maréchal a fait grâce à cet homme.
Je le placerai entre vous et moi.
Ces fruits sont pleins de vers.
Le brouillard se dissipa vers midi.
Je pleurai à ce récit touchant.
On s'inquiétait touchant la gravité des troubles.
Ils se battaient pour des sous.
L'empire fut heureux sous Titus.

Leçon 108. — Thème.

Remplacer les tirets par les prépositions convenables.

1. Quand vous marchez regardez toujours — vous.

2. Il faut étudier — persévérance, — les difficultés qu'on éprouve.

3. Les hommes sont nés — vivre en société.

4. On ne saurait être trop reconnaissant — ses parents, — la bonne éducation qu'on a reçue.

5. La foi est nécessaire — le salut.

6. Il gémissait — le poids des afflictions.

7. Nous aperçûmes un navire qui flottait — la côte.

8. Vous vous frottez toujours — le mur.

9. Je n'ai rien — démêler — cet homme.

10. N'avez-vous pas honte — être compté — les plus igno-
rants ?

11. L'ennui est entré — le monde — la paresse.

12. Le régiment se trouva placé — deux feux.

Leçon 109. — Exercice oral.

Remarquer quelques prépositions qui ne sont point indiquées
dans la grammaire. — Prépositions composées, adjectifs et participes qui tiennent lieu de prépositions.

1. Tout le village est brûlé hormis dix maisons.

2. Il courait à travers les champs en agitant un drapeau
au-dessus de sa tête.

3. Voici mon cheval, voilà le vôtre à côté du mur.

4. Vu ses aveux sincères, loin de le gronder je le récom-
penserai.

5. Allons au-devant de lui jusqu'à l'entrée de l'avenue.

6. Sauf votre avis, nous les placerons l'un vis-à-vis de
l'autre à cause de la symétrie.

Leçon 110. — Analyse.

Donner les indications d'usage sur tous les mots.

1. Le bienfaiteur grave son nom dans la main de celui
qui reçoit le bienfait.

2. Attaquer mon ami, c'est m'attaquer moi-même.

Leçon 111. — Thème.

Remplacer les tirets par les prépositions convenables.

1. Dix-huit siècles se sont écoulés — la naissance de J.-C.

2. Le fugitif était — de notre atteinte, et nous ne pûmes le saisir — toute la diligence possible.

3. La France fut sauvée — Jeanne d'Arc — la domination anglaise.

4. Le soleil s'éclipse en passant — la lune.

5. On le voyait — le point du jour appliqué — cet ouvrage rebutant, — une constance qui ne l'abandonna jamais.

6. Le déluge arriva seize siècles et demi — la création du monde.

7. Ce que vous m'avez dit — le sort de cette famille m'intéresse beaucoup.

8. Le règne — François Ier se place — celui — Louis XII et — celui — Henri II.

9. J'eusse été perdu — ces étrangers qui se trouvèrent là — me secourir.

10. On sera indulgent ou sévère — le passé, — les promesses que vous ferez.

————

Leçon 112. — Analyse.

Distinguer dans les phrases suivantes les prépositions *simples*, *composées;* les mots *tenant lieu de prépositions;* leurs *régimes.* On peut négliger tout le reste. Par exemple :

J'ai oublié un livre chez vous, à côté de la table.

Chez, préposition simple dont le régime est *vous.*

A côté de, préposition composée ayant pour régime *la table.*

1. Il servit l'Etat avec désintéressement jusqu'à sa mort.

2. Supposé son départ, iriez-vous, loin de votre famille, le suivre dans ces contrées inconnues?

3. Je lui pardonne en faveur de son repentir, nonobstant son ingratitude.

4. Je n'ai pu m'éclairer concernant ces vols qui ont dérangé ma fortune malgré ma surveillance.

5. Après la défaite de Pyrrhus, les Romains marchèrent contre Tarente.

6. Il faut se conduire à l'égard des méchants selon les craintes qu'ils inspirent.

7. Outre ces malheurs, on faillit désespérer de l'avenir à cause de la famine qui sévissait depuis trois ans.

CHAPITRE VIII.

Adverbe.

Leçon 113. — Thème.

Remplacer les adjectifs *en italique* par les adverbes qui en sont formés.

1. Conduisez-vous *conforme* à la loi de Dieu.
2. C'est *précis* ce que je demandais.
3. On se trompe *commun* par précipitation.
4. Il s'était *énorme* trompé dans son calcul.
5. L'armée s'est *courageux* défendue contre des forces supérieures.
6. Je lui disais *naïf* tout ce que je pensais.
7. Je vous recommande *exprès* mon ami.
8. On lui attribue *faux* ce discours calomnieux.
9. Vous m'avez *cruel* trompé.
10. Placez *différent* ce meuble.
11. Décorez *élégant* ce portique.
12. Il n'aura pas *impuni* commis cette lâcheté.
13. La loi a été *savant* expliquée.
14. On a *méchant* répandu ces bruits.
15. On lui répondit *sec* qu'il avait tort.

Leçon 114. — Analyse.

Distinguer dans les phrases suivantes les adverbes *simples, composés* ; les adjectifs *employés comme adverbes* ; indiquer les mots qu'ils modifient. — On peut laisser tout le reste.

1. Soyez assez généreux pour soutenir notre entreprise.

2. J'ai beaucoup vu de ces enfants capricieux à l'excès.

3. Charlemagne fut presque toujours heureux dans ses guerres.

4. Il m'a résisté à dessein, mais assurément je l'en ferai repentir.

5. Messieurs, tenez-vous ferme sur vos étriers, ou vous risquerez de tomber souvent.

6. Je n'ai pas vu d'homme qui fût constamment fidèle aux inspirations de son cœur.

7. Tout à coup le tonnerre se fait entendre et l'orage éclate.

8. On avait rassemblé au hasard une foule de cavaliers fort négligemment instruits.

Leçon 115. — Thème.

Remplacer les adjectifs *en italique* par les adverbes qui en sont formés.

1. Dioclétien vivait *obscur* retiré à Salone.

2. Approchez-vous *doux* du berceau.

3. Il convient *gentil* de son étourderie.

4. Je vois *net* que je me suis trompé.

5. Obéissez *aveugle* à vos supérieurs.

6. Il était *nouveau* débarqué à Marseille.

7. Vous avez dit *prudent* ce qu'il fallait.

8. Je ne vois ces choses-là que très-*confus*.

9. Offrez-lui *discret* vos bons offices.

10. Vous serez trop *frais* logé dans cet entresol.

11. Il s'était *fou* persuadé qu'on l'admirait.

12. La place était *pareil* ornée de statues.

13. Donnez-lui *obligeant* asile pour ce soir.

14. Vous poursuivez trop *mou* votre dessein.

15. Il s'avançait *étourdi* vers le précipice.

CHAPITRE IX.

Conjonction.

Leçon 116. — Analyse.

On peut se borner aux mots marqués *en italique* (adverbes, prépositions et conjonctions).

Il suffit pour chaque conjonction de dire si elle est *simple* ou *composée.*

1. Je désire *beaucoup que* vous soyez *aussi* sage *qu'*instruit.
2. *N'*affectez *jamais de* parler *bas, mais* gardez-vous *de* parler *trop haut.*
3. Le vent est *plus ou moins* froid *selon qu'*il nous vient du nord *ou* du sud.
4. L'agriculture *et* le commerce sont *également* utiles *dans* un Etat.

Leçon 117. — Analyse.

Donner sur tous les mots les indications d'usage.

Que le Seigneur est bon! que son joug est aimable !
Heureux qui dès l'enfance en connaît la douceur !

Leçon 118. — Analyse.

Donner sur tous les mots les indications d'usage.

Dans le crime, une fois, il suffit qu'on débute :
Une chute toujours entraîne une autre chute.

CHAPITRE X.

Interjection.

On peut se borner aux mots marqués *en italique* (prépositions, adverbes, conjonctions et interjections).

Il suffit, pour chaque interjection, de la désigner sous ce nom sans autre détail.

1. *Oh! si* la sagesse était visible, *de* quel amour les hommes *ne* s'enflammeraient-ils *pas pour* elle !
2. *Paix !* rangeons-nous chacun *contre* un des côtés *de* la porte.
3. Que faire, *hélas ! dans* l'état misérable *où* je suis réduit.
4. *Oh ! qu'*il est difficile *de* se modérer *dans* une grande fortune !
5. *Hé bien! où* voulez-vous en venir, *avec* toutes ces questions *sans cesse* renouvelées ?

Donner sur tous les mots les indications d'usage.

Oh ! que d'écrits obscurs, de livres ignorés,
Furent en ce grand jour de la poudre tirés.

Donner sur tous les mots les indications d'usage.

O rage, ô désespoir, ô fortune ennemie !
N'ai-je donc tant vécu que pour cette infamie ?

CHAPITRE XI.

REMARQUES PARTICULIÈRES SUR CHAQUE ESPÈCE DE MOTS.

Substantif.

Leçon 122. — Thème.

Substantifs des deux genres. Pluriel des noms composés. Du pluriel dans les noms propres. Régime du substantif.

Revenir sur le commencement de la grammaire. Former le pluriel; le féminin. Choisir, entre deux expressions proposées, celle qui convient aux règles et au sens.

1. Il est sorti quinze *chauve-souris* de ces *trou*.
2. Plusieurs *chef-lieu* de départements n'ont pas d'évêché.
3. *Quel* ou *quelle* délice de contempler les heureux que l'on fait !
4. Les *oiseau-mouche* sont les *bijou* de la nature.
5. *Un* ou *une* aigle d'airain surmontait ces belles allégories.
6. L'hymne du jour de *Pâque* ou *Pâques* est remarquable par l'accent d'une joie expansive.
7. On a chanté au salut *un* ou *une* hymne que je ne connaissais pas.
8. Il n'employait jamais que des *prête-nom* pour ces opérations douteuses.
9. Cette guerre fut appelée la guerre des trois *Henri* ou *Henris*.
10. Ce ne sont là que des *héros* et des — (*fém.*) de théâtre.

Leçon 123. — Thème.

Même sujet.

1. Les bardes entonnèrent l'hymne *glorieux* ou *glorieuse* de la victoire.

2. On avait établi des *signal* sur deux *plate-forme*.

3. Les *entre-colonne* des péristyles doivent être *égal*.

4. Ces éclairs sont les *avant-coureur* d'une tempête.

5. Craignez les *arrière-saison* pour votre poitrine délicate.

6. Cette tragédie n'est qu'*un* ou *une* œuvre fort médiocre.

7. N'achetez-vous pas *un* ou *une* couple de passereaux pour une obole ?

8. Hâtez-vous de mettre saint Louis avec les *Constantin* ou *Constantins* et les *Théodose* ou *Théodoses*.

9. Vous risquez d'être accablé de *passe-droit*.

10. Après avoir fait mourir le *czar*, Catherine régna sous le titre de — (*fém.*)

Leçon 124. — Thème.

Même sujet.

1. Les *anciens* ou *anciennes* hymnes de l'Église sont d'une admirable simplicité.

2. Ce fut par là que commencèrent les violences des iconoclastes, c'est-à-dire des *brise-image*.

3. C'était un charlatan qui faisait passer pour des antiquités de mauvaises pièces *de* ou *en* terre cuite.

4. Les *chou-fleur* viennent mieux dans ce carré que les *chou-rave*.

5. Les *rouge-gorge* sont des oiseaux querelleurs.

6. Ce n'était qu'une infâme *larron* — (*fém.*).

7. Il y avait en Espagne des *Hôtel-dieu* où les malades étaient traités magnifiquement.

8. Je foule ici la cendre des *Aristide* ou *Aristides* et des *Phocion* ou *Phocions*.

9. Il possédait des statuettes *de* ou *en* or, *de* ou *en* argent et *de* ou *en* bronze d'un travail précieux.

Leçon 125. — Analyse.

Donner toutes les indications d'usage.

O bienheureux, mille fois,
L'enfant que le Seigneur aime !
Qui de bonne heure entend sa voix
Et que ce Dieu daigne instruire lui-même.

———

Leçon 126. — Thème.

Suite du substantif. Corriger les fautes qui ne sont point indiquées.

1. Il n'est plus à mes yeux qu'un vil objet de haine,
   Un argile pétri sous une forme humaine.

2. Ils mêlaient aux accords des vagues sur les rives
   Les doux gémissements de leurs couples plaintives.

3. Vous le croyez malin ? malgré son regard louche
   On dit dans le quartier qu'il n'est plus qu'un gobe-mouche

4. Evrat seul en un coin prudemment retiré
   Se croyait à l'abri de l'insulte sacré.

5. Je crus les dieux, seigneur, et saintement cruelle
   J'étouffai pour mon fils mon amour maternelle.

6. L'ébène le plus noir jaunit dans ces vapeurs.

7. Que de la vérité les vers soient les esclaves,
   De ses chastes faveurs faisons nos seuls amours.

8. Son traité des Vapeurs n'est qu'un œuvre imparfait.

9. Ma joie était perdue en ce triste insomnie.

10. L'albâtre éblouissante
    Décore les lambris de la salle imposante.

———

Adjectif.

Leçon 127. — Exercice oral.

Difficultés relatives à l'accord, au régime, à la place des adjectifs, aux degrés de signification, etc.

1. Voici des êtres dont la taille et l'air *sinistre* ou *sinistres*
inspirent la terreur

2. *Plus* la fortune *devenait meilleure*, plus ils se montraient téméraires à la pousser jusqu'au bout.

3. Jacob était *aimé* et *soumis à Laban*, aussi tout prospérait autour d'eux.

4. Evitez toute action *et* toute* pensée *coupable* ou *coupables*.

5. L'ambassadeur avait affaire à des caractères *opposés et différents*.

6. Certains poëtes excitent à la fois l'admiration et la répugnance pour leur bon *et mauvais goût*.

7. De gros vaisseaux *tout* ou *tous* penchés par la violence du vent semblaient au moment de faire naufrage.

8. *Quelque* ou *quelques* faiblesses qu'on reproche à Louis XIV, il n'en a pas moins illustré son siècle.

9. Les plus *forts imposés* de la ville ont été appelés à prendre part à cette délibération.

10. Ceux qui introduisirent ces cérémonies connaissaient bien *leur* fort et *leur* faible.

11. Je vous rapporte les — faits — et non des conjectures. Si vous êtes faible vous verrez les — faits — se reproduire (placer MÊMES).

————

Leçon 128. — Thème.

Appliquer les règles relatives à l'adjectif.

1. Dans la plupart des courtisans on ne voit que des manières et une politesse *affecté*.

2. La vie des hommes doit être remplie de *ménagements et de complaisances continuel*.

3. Les oiseaux construisent leurs nids avec un art *et* une industrie *admirable*.

4. La lumière du soleil nous arrive en moins de huit minutes et *demi* ou *demie*.

5. Il y a peu de plaisirs qui ne soient achetés trop *cher* ou *chers*.

6. Donnez *votre* ou *la* main à cet enfant, vous voyez bien qu'il bronche à chaque pas.

7. Je n'ai pu voir ma sœur qu'une *demi* ou *demie* journée, tant elle est *attachée et éprise de* la solitude.

8. Pourquoi craindre la mort si l'on a assez bien vécu pour ne pas craindre *ses* suites.

9. La valeur *tout* ou *toute* héroïque qu'elle est ne suffit pas pour faire les héros.

10. La première irruption des Gaulois en Italie arriva environ l'an du monde trois *mil* ou *mille*, quatre *cent* ou *cents* seize.

Leçon 129. — Thème.

Suite.

1. Cette — querelle — n'a pas de portée. Cette — querelle — excite l'indignation (*placez* MÉCHANTE *avant ou après le nom, selon que le sens l'exige*).

2. *Quelque, quelques,* solides que paraissent ces appuis, ils ne tiendront pas.

3. Tout cède au courage et à la force *réuni*.

4. Votre fermier est un — homme — qui vous trompe. Quant à son agent, ce n'est qu'un — homme — un vrai butor (*placez* MALHONNÊTE).

5. *Tout, tous,* dévoués que soient vos soldats, ils ne vous sauveront pas.

6. *Quelque, quelle que* soit ta douleur, le temps l'apaisera.

7. Ce — enfant — paraît souffrir beaucoup. Un — enfant — qui mendie, mérite quelquefois d'être surveillé (*placez* PAUVRE).

8. Vous n'avez pas pris vos mesures assez *juste, justes*.

9. Ce singulier personnage portait toujours des bas de laine *percé*.

10. Nous eûmes à combattre une bande de sauvages *cuivré*.

Leçon 130. — Thème.

Employer régulièrement, à la place des tirets, les mots écrits *en italique*, avec ou sans l'accord.

1. *Tout.* Je trouvai votre sœur — inquiète de votre départ.
2. *Excepté.* Toutes les places furent envahies, les nôtres —.
3. *Nu.* Ces barbares restaient — tête au soleil, et combattaient même la poitrine —.
4. *Quelque.* Soyez affable — ennuis que vous ayez.
5. *Demi.* Il y a une — heure que vous jouez. Une —, un tiers et un quart font plus que le tout.
6. *Compris.* La ligue se forma de quinze villes, y — celles qui combattaient déjà.
7. *Supposé.* Que ferez-vous — la perte de ce procès ?
8. *Franc de port.* J'enverrai ces actes — à mon avocat.
9. *Tout.* Valérie parut — tremblante, — abattue en entendant ces mots.
10. *Mille.* La dispersion des peuples arriva l'an deux — cinquante-sept de la création. Napoléon Ier fut couronné le deux décembre — huit *cent, cents,* quatre.

———

Leçon 131. — Thème.

Corriger des fautes qui ne sont pas indiquées.

1. Cet enfant apporte à tout ce qu'il fait un soin et une attention soutenues.
2. La fortune ressemble au verre ; elle a son éclat et sa fragilité.
3. Régulus se rendit au sénat accompagné de ses parents et amis.
4. Plus on lit ces livres, plus on sent leurs beautés.
5. Néron était odieux et redouté de ses sujets.
6. Tous vos esclaves et serviteurs tremblent à vos genoux.

7. La résignation allége l'infortune, mais la plainte aggrave son poids.
8. Quelques soient vos infortunes, elles ne peuvent se comparer aux miennes.
9. Je suis insensible et fatigué de vos réclamations.
10. Le czar avait deux cents régiments de deux mille cents quatre-vingt-cinq hommes chaque.

———

Leçon 132. — Analyse.

Donner toutes les indications nécessaires.

1. Le jour n'est pas plus pur que le fond de mon cœur.
2. Même quand l'oiseau marche, on sent qu'il a des ailes.

———

Article.

Leçon 133. — Thème.

La principale difficulté, relativement à l'article, consiste à choisir entre l'article composé *du, de la, des,* et la préposition *de.*

1. On n'a employé que *de, du,* bon papier à cet ouvrage.
2. Les Crétois vivaient heureux, protégés par *de, des,* lois équitables.
3. Vous vous arrêtez à *de, des,* trop petits détails.
4. Le ciel ne lui a pas accordé *de, des,* enfants.
5. Il y a *de, des,* mauvais exemples qui sont pires que le crime.
6. Certaines pierres brillent beaucoup, mais elles n'ont pas *de, de la,* valeur.
7. Gédéon rendit grâces à Dieu de sa victoire, par *de, des,* nombreux sacrifices.
8. Nous sommes éblouis souvent par *de, des,* raisons subtiles, par *de, des,* vaines paroles qui n'ont rien de solide.
9. Ces parvenus sont *de, des,* petits-maîtres insupportables.

Leçon 134. — Thème.

Même observation.

1. Tous les faux biens produisent *de, des,* véritables maux.
2. Le jeune prince aimait à s'entretenir avec *de, des,* beaux-esprits et *de, des,* grands seigneurs.
3. Vous avez bien *de, de la,* bonté d'écouter tant *de, des,* observations déplacées.
4. Plus on approfondit l'homme, plus on voit en lui *de, de la,* faiblesse et *de, de la,* grandeur.
5. Ces oiseaux qu'on appelle *de, des,* grands-ducs sont des chouettes plus fortes que les autres.
6. Il ne peut y avoir *de, des,* solides relations qu'entre les — gens — (*placez* HONNÈTES *avant ou après* GENS).
7. On découvrait au loin *de, des,* plaines cultivées, *de, des,* abondantes moissons.
8. Il y a *de, des,* jeunes gens qui ont bien *de, de l',* esprit, mais peu *de, du,* caractère.

Leçon 135. — Thème.

Corriger quelques fautes non indiquées.

1. Nous apercevions sur la plage des navires et des grandes embarcations échouées.
2. Plus il tombait de neige, moins nous découvrions des racines.
3. Combien perdrez-vous encore de temps à de frivoles occupations ?
4. Bossuet avait en chaire de la majesté, et l'on voyait de grands hommes même qui l'écoutaient avec ravissement.
5. Roger espérait toujours des récompenses, mais il n'avait jamais obtenu des succès.
6. Aurez-vous encore des bons procédés, des soins empressés pour ces ingrats ?

7. L'Autriche essuya dans la guerre de Trente ans, des grandes calamités, des révoltes nombreuses, des lâches trahisons.

8. Tilly alliait bien du courage à beaucoup du sang-froid. Il était aimé tant il savait donner de la grâce à toutes ses actions.

———

Pronom.

eçon 136. — Thème.

Pronoms personnels.

1. Si l'on demande des hommes dévoués, nous *le, les,* sommes tous.

2. Frédéric Ier disait : Nous connaissons les droits de notre couronne ; nous *s'engager* (*ind. pl.-q.-parf.*) à les faire respecter. Mais le pape répondait : Nous *se trouver* (*pas. indéf.*) dans la nécessité de vous résister (1).

3. Si vous avez des droits à ma considération, vous *le, la, les,* devez au souvenir que j'ai de votre père.

4. Sparte et Corinthe ont été *de, des,* grandes villes et ne *le, les,* sont plus.

5. Non, vous n'êtes pas la reine légitime de Naples ; c'est moi qui *le, la,* suis.

6. Si je jouis de la faveur du prince, je *le, la,* dois à mes longs services.

7. Je crains que vous ne soyez tous malades ; mais j'espère que vous ne *le, les,* serez pas longtemps.

(1) Pour remplir les indications dans cette phrase, il faut pousser jusqu'au plus que-parfait la conjugaison, *je m'engage, tu t'engages,* etc.; et jusqu'au passé indéfini, *je me trouve, tu te trouves,* etc.

Leçon 137. — Analyse.

Donner toutes les indications nécessaires.

1. Le plus âne des trois n'est pas celui qu'on pense.
2. On a souvent besoin d'un plus petit que soi.

Leçon 138. — Thème.

Suite du pronom. Corriger les fautes marquées *en italique*.

1. Scipion savait vaincre ses passions et *leur* mettre un frein.
2. Le corps périt et l'âme est immortelle ; cependant beaucoup d'hommes négligent —, tandis que tous leurs soins sont pour —. (*Placer* CELUI-CI *ou* CELLE-CI, CELUI-LA *ou* CELLE-LA.)
3. Vous souffrez ? voilà un parapet, appuyez-vous *sur lui*.
4. Je n'ai rien à dire en réponse à *la votre* de la semaine passée.
5. Je me souviens de vos bontés et je suis pénétré *d'elles*.
6. Carter osait caresser un tigre, mais il savait se méfier *de lui*.
7. Ce qu'il y a de plus rare dans ce pays, *est* la bonne foi.
8. Ils se sont adressé mille injures *l'un et l'autre*.
9. J'ai deux billets à la loterie des arts, et je fonde de grandes espérances sur *l'un et l'autre*.

Leçon 139. — Thème.

Corriger quelques fautes non indiquées.

1. Nous nous sommes écrit souvent, mais les vôtres et les miennes se sont toujours croisées.
2. Vos enfants sont la gloire de leur patrie et ils la seront toujours.

3. Notre plus grand ennemi est quelquefois nous-même.
4. Vos deux amis abusent de votre facilité ; je le leur ai
   dit à l'un et l'autre.
5. Ce que je veux, est précisément ce que vous ne voulez
   pas.
6. Votre institutrice est satisfaite de vous et j'en suis
   également.
7. Le froid et le chaud me fatiguent l'un et l'autre ; —
   engourdit mes membres et — m'assoupit toujours. (*Placer* CELUI-CI, CELUI-LA.)
8. Ces deux rivaux poursuivaient le même but, en se mé-
   fiant sans cesse l'un l'autre.

Verbe.

Leçon 140. — Thème.

Mettre sous forme interrogative et au temps indiqué, les verbes
marqués *en italique*. Ajouter les pronoms nécessaires.

1. Quelles visites *faire* — (*futur* 1re *pers. pl.*) ce soir ?
2. Où *trouver* — (*futur* 1re *pers. sing.*) une voiture commode ?
3. *Pleuvoir* — (*indic. imp.*) beaucoup à Versailles, hier au
   soir ?
4. Combien *aller* — on (*indic. pr.* 3e *pers. sing.*) encore me
   faire perdre *de, du,* temps ?
5. *Etre* — (*cond. pr.* 2e *pers. pl.*) assez fort pour rompre ce
   bâton ?
6. *Se laisser* — (*fut.* 3e *pers. sing.*) toujours tromper ?
7. *Avoir* — (*cond. pas.* 2e *forme* ; 3e *pers. sing. inter.*) une
   grande fortune, il l'aurait dissipée.
8. *Etre* — (*ind. pr.* 1re *pers. sing.*) bien éveillé ou *dormir* — ? (*même temps*).
9. Y *avoir* — (*cond. prés.* 3e *pers. sing. impers.*) de l'in-
   discrétion à me présenter demain chez vous ?

Leçon 141. — Thème.

Accord du verbe avec le sujet. Observez que lorsque le sujet se compose de plusieurs noms ou pronoms, il peut arriver que le verbe ne s'accorde qu'avec l'un d'eux.

1. Ni la gloire ni la considération ne *toucher* (*ind. imp.*) plus le cœur d'Antoine.
2. Son ambition ou sa légèreté le *perdre* (*futur*).
3. Homère, Dante, Milton, *être* (*ind. imp.*) les poëtes préférés de Byron.
4. Ni la souplesse ni la ruse ne *sauver* (*pas. déf.*) Bajazet.
5. L'audace, la témérité de Richard *fixer* (*ind. imp.*) la victoire dans les rangs des croisés.
6. Une démarche, un mot, un regard *pouvoir* (*ind. pr.*) dévoiler la pensée d'une âme trop confiante.
7. C'est du souverain que *dépendre* (*ind. pr.*) la paix ou la guerre; c'est par lui que *prospérer* (*même temps*) les sciences, les arts, l'agriculture, tout ce qui *assurer* (*même temps*) la splendeur d'un empire.
8. A moi seul *être dû* (*ind. pr.*) le succès d'hier et celui d'aujourd'hui.

————

Leçon 142. — Thème.

Suite.

1. Une douzaine de bandits *piller* (*pas. déf.*) la voiture du cardinal.
2. La majorité des voix, dans le conseil, *être acquis* (*ind. imp.*) au projet du prince.
3. *C'être* (*ind. pr.*) la religion et la morale qui *faire* (*même temps*) notre félicité ici-bas.
4. Une foule de soldats blessés *demander* (*ind. imp.*) des secours immédiats.
5. Une douzaine d'alouettes *ne pas suffire* (*cond. pas.*) pour le déjeuner de Vitellius.

4.

6. *C'être (ind. pr.)* vous seul qui vous êtes *tromper (part. pas.).—C'être (ind. pr.)* vous tous qui vous êtes *acharner (part. pas.)* à ma perte.

7. La majorité des habitants ne *vouloir (ind. imp.)* pas recevoir ces étrangers dans leurs maisons.

8. Une foule confuse de soldats *occuper (ind. pl.-q.-parf.)* dès le matin toutes les avenues.

9. Ces défaites vous ont consternés ; mais *c'être (ind. pr.)* elles aussi qui *faire (pas. ind.)* éclater le patriotisme du peuple.

Leçon 143. — Analyse.

Donner toutes les indications d'usage.

1. Rome, c'est toi surtout qu'appellent nos transports.
2. Dans leurs yeux entr'ouverts brillent d'humides larmes.

Leçon 144. — Exercice oral.

Observer les changements qu'il faut apporter à une phrase, lorsque deux verbes liés entre eux se construisent différemment avec leurs régimes.

1. Joseph ne pouvant plus contenir son émotion pardonna et embrassa ses frères.
2. Je suis fort sensible et vous remercie beaucoup des soins que vous m'avez prodigués.
3. Ces courriers vont et reviennent à pied le même jour de Barcelone à Ostalrich.
4. Le souvenir des bonnes actions embellit et répand comme un parfum délicieux sur la vie.
5. Je suis allé à Turin pour me faire rendre compte et pour étudier par moi-même cette affaire.
6. Le sage craint et se détourne du mal ; l'insensé continue et marche dans sa route avec assurance.
7. Votre neveu étudie et s'applique beaucoup à la médecine.

Leçon 145. — Thème.

Régime des verbes. Beaucoup de fautes ne sont pas indiquées.

1. *De quelque, quelques*, faveurs *dont* vous soyez comblé, craignez les retours de la fortune.
2. Les chefs se plaignent de ce qu'on ne *les* a pas *obéis*.
3. Je n'ai pas oublié tous les services *que* je vous suis redevable.
4. C'est aux enfants à qui nous devons surtout une affection éclairée.
5. Le sergent reconnut et se plaignit amèrement du tort qu'on lui faisait.
6. L'affectation gâte au lieu d'ajouter aux grâces naturelles.
7. Un nombre considérable de vaisseaux entrent et sortent chaque jour du port de Londres.
8. C'est à Marseille *où* le régiment devait d'abord se rendre, mais il a été dirigé sur Nîmes.
9. Les rebelles espéraient leur grâce, mais on ne les a point pardonnés.

———

Leçon 146. — Thème.

Emploi des temps. La construction de chaque phrase fait connaître le mode, le temps, le nombre et la personne des verbes marqués *en italique*.

1. Pendant que vous dormiez, je *veiller* sur vous.
2. On *partir* si le temps était favorable.
3. Depuis ce matin *je arroser* trois fois ces pots de fleurs.
4. Je crains que cet enfant *n'être* malade.
5. Espérez-vous que notre tante *venir* ce soir.
6. Qui aurait cru que les Turcs *découvrir* notre ruse ?
7. Léonce pourra jouer lorsqu'il *finir* sa tâche.
8. Je suis charmé que vous *avoir* raison.
9. Nous *mettre* à la voile si le pilote eût été là.
10. J'ignorais que vous *prendre* intérêt à cela.

11. Je ne craignais pas que le vent *souffler*.

12. Dirait-on que cette voiture *être remis* à neuf, l'an passé ?

13. Je n'aurais pas supposé que vous *arriver* depuis si longtemps.

14. Lorsque son père *mourir,* il y a quarante ans, Roger ne *comprendre* pas toute l'étendue de son malheur.

Leçon 147. — Thème.

Emploi des auxiliaires. On se sert du verbe *avoir* pour préciser l'action, pour rendre une circonstance ; et l'on prend le verbe *être*, s'il s'agit seulement d'exprimer l'état des choses.

1. Le convoi *passer* (*pas. ind.*) plus rapidement qu'à l'ordinaire.

2. L'armée ennemie *camper* (*ind. pl.-q.-parf.*) près du Rhin.

3. Je ne savais pas que Léon *déménager* (*subj. pl.-q.-parf.*).

4. A ces mots il *changer* (*pas. ind.*) de visage.

5. Les Syriens *dégénérer* (*pas ind.*) et ne se relèveront pas.

6. Depuis dix ans il *changer* (*ind. pl.-q.-parf.*) et presque méconnaissable.

7. Sous Xerxès les Perses *dégénérer* (*pas. ind.*) de leurs anciennes vertus.

8. La procession *passer (fut. ant.)* lorsque nous arriverons.

9. Marius *camper ind.* (*pl.-q.-parf.*) deux fois à Cirtha.

10. Je ne pouvais me persuader qu'il *déménager* (*subj. pl.-q.-parf.*) en cachette.

Leçon 148. — Thème.

Rappel des leçons précédentes. Corriger un petit nombre de fautes non indiquées.

1. Ne dites rien qui *pouvoir* attrister ces enfants.

2. J'ai lu avec un vif intérêt et je vous fais mes remercîments de l'ouvrage que vous m'avez envoyé.
3. J'aime cette douceur de caractère, cette urbanité de mœurs qui *rendre* (*ind. pr.*) la vie facile.
4. Son héritage lui *a, est*, échappé au moment où il croyait le tenir.
5. Ce qui me suffit, est de savoir si vous êtes en sûreté.
6. Je crains que vous ne *faire* une faute.
7. C'est du sein inépuisable de la terre d'où sortent les objets les plus précieux.
8. Pourquoi se plaindrait-on de ce que *faire* (*ind. pr.*) Pise ou Naples? Pourquoi s'alarmerait-on des flottes que *rassembler* (*ind. pr.*) Venise et Gênes).

Leçon 149. — Analyse.

Donner toutes les indications d'usage.

1. La fortune est à craindre où manque la sagesse.
2. Ce qui ne plaît qu'aux yeux, dans un instant s'oublie.

Participe.

Leçon 150. — Thème.

PARTICIPE PRÉSENT. Rappel du *chap.* VII de la *Grammaire, page* 47. Employer, selon les cas, ou le *participe présent* (*invariable*) du verbe indiqué en italique dans chaque phrase, ou l'*adjectif verbal* analogue.

1. La passion *dominer* de César était l'ambition.
2. N'admirez-vous pas ces soldats *aimer* leur patrie jusqu'à mourir avec joie pour elle?
3. Les pirates, *menacer* toujours notre navire, nous rendaient circonspects.
4. La voix *gronder* de votre frère retentit dans le salon.
5. Vos neveux me parurent, peut-être à tort, bien *contrarier*.

6. Les âmes *aimer* ont quelque chose de doux qui attire.

7. La forteresse, *dominer* de ses hautes tours la faible cité, la faisait trembler.

8. J'entends d'ici les cris *menacer* de ces barbares.

9. Qui aimerait ces personnes *gronder* avec caprice leurs subordonnés ?

10. J'abhorrais ces négresses *contrarier* sans cesse les inclinations les plus naturelles de leurs enfants.

Leçon 151. — Thème.

PARTICIPE PASSÉ. Régles générales d'accord. Rappel du *chap.* VII, *pages* 47 et 48 de la *Grammaire.*

1. Si Dieu nous a *distingué, distingués,* des autres animaux, c'est surtout par le don de la parole.

2. Vous demandez vos gants ? je les ai *cherché, cherchés,* dans tous les coins et je ne les ai pas *trouvé, trouvés.*

3. Quelle faute ai-je *commis, commise,* jusqu'ici ?

4. Violer les serments que l'on a *prêté, prêtés,* c'est délier autrui de ceux que l'on a *reçu, reçus.*

5. Il me restait une chétive maison, je l'ai *vu, vue,* pillée et détruite, à mon arrivée.

6. Dieu vous *faire (pas. ind.)* cette défense. Puisqu'il vous *faire (pas. ind.)* raisonnables, vous devez la garder.

7. Cette grande reine *endurer (ind. pl.-q.-parf.)* bien des maux ; mais que dire de ceux qui *la frapper (pas. ind.)* ensuite ?

8. Combien de bons points *obtenir ? (pas. ind.* 2ᵉ *pers. sing. inter.)*

Leçon 152. — Thème.

Participe des verbes réfléchis, des verbes impersonnels.

1. Ils se sont *aimé, aimés,* dès qu'ils se sont *connu, connus.*

2. Nous nous sommes en foule *opposé, opposés,* à leur rage.

3. Abandonnée lâchement, la petite troupe s'est *réfugié, réfugiée,* dans une gorge.

4. Huit condamnés *s'évader (pas. ind.)* de la prison.

5. Ces malheureux se sont *adresser* de nouveau les mêmes injures qu'ils s'étaient déjà *pardonner.*

6. Que cette démarche était téméraire ! et que de malheurs il en est *résulté, résultés !*

7. Quels brouillards il a *fait, faits,* cet hiver ! que de maladies il y a *eu, eues,* à la suite !

8. Certains voyageurs se sont *plu, plus,* à donner de fausses relations des pays qu'ils ont *parcourir.*

Leçon 153. — Thème.

Même sujet.

1. Combien d'années *s'écouler (pas. ind.)* dans ce triste isolement.

2. Les deux armées se sont *attribué, attribuées,* l'honneur de la victoire.

3. La disette qu'il y a *eu, eue,* en Pologne y a causé bien des souffrances.

4. Les empereurs qui s'étaient *succédé, succédés,* depuis Auguste avaient tous été des tyrans.

5. Ma patrie et ma famille se sont *présenté, présentées,* à mon esprit, et aussitôt ma tendresse s'est *réveillé, réveillée.*

6. C'est une imprudence que vous avez *fait, faite;* aussi quels accidents il est *survenu, survenus !*

7. Les deux rivaux se sont *donné, donnés,* la main. Quelques hommes se sont *donné, donnés* comme otages à l'ennemi.

8. Ils *se parler (ind. pl.-q.-parf.)* en cachette.

Leçon 154. — Exercice oral.

Participe suivi d'un infinitif.

1. Les grands orateurs que vous *entendre* (*pas. ind.*) parler
ne vous ont-ils pas persuadé ?
2. Le capitaine est responsable des dégâts qu'il *laisser*
(*pas. ind*) commettre par ses troupes.
3. Vous n'avez point surveillé ces étrangers ; vous les
laisser (*pas. ind*). ravager le jardin et la ferme.
4. J'ai perdu ma clef, et cependant je la *voir* (*pas. ind.*)
ramasser par quelqu'un.
5. J'ai perdu ma montre, et cependant je *la sentir* (*pas.
ind.*) tomber de mon gousset.
6. Nous ne demandons pas que vous renvoyiez les hommes que vous avez *résolu, résolus*, de garder.
7. Persistez-vous dans l'intention que vous avez *mani-
festé, manifestée*, de rompre vos engagements ?
8. Le prince accorda un généreux pardon à tous ceux
qu'il *faire* (*ind. pl.-q.-parf.*) condamner.

———

Leçon 155. — Thème.

Même sujet.

1. Les colonies que j'ai *vu, vues*, se former ont pris un
accroissement dont je ne les aurais pas *cru, crues* sus-
ceptibles.
2. Ce ne sont pas des contes en l'air que j'ai *voulu, voulus*,
écrire.
3. Les prisonnières se cachaient depuis qu'on les avait
entendu, entendues, gémir.
4. J'ai marché aux ennemis que j'ai *contraint, contraints*,
de se renfermer dans leurs places.
5. La pièce qu'ils ont *fait, faite*, jouer est tombée.
6. Il a souffert la hardiesse que j'ai *pris, prise*, de le con-
tredire.

7. Suivez les saintes résolutions que le ciel a *daigné*, *daignées*, vous inspirer.
8. Vous devez savoir ces règles, je vous les ai *fait*, *faites*, comprendre.

Leçon 156. — Thème.

Récapitulation des deux participes.

1. Quelle guerre avons-nous *allumé*, *allumée?* Nous a-t-on jamais *vu, vus*, exciter vos adversaires ?
2. Il est des personnes *obliger* plutôt par vanité que par bienveillance ; mais il en est aussi qui sont bonnes, douces et *obliger* par caractère (*part. prés. ou adjectif verbal*).
3. Je n'aurais pas quitté les biens que la fortune m'a *fait*, *faits*, si je les eusse *jugé*, *jugés* nécessaires à ma félicité.
4. Les méchants se sont toujours *attaqué*, *attaqués*, aux honnêtes gens qu'ils se sont *plu, plus*, à décrier et qu'ils n'ont jamais *craint, craints*, de perdre.
5. Maîtres des nations, vous vous êtes *rendu*, *rendus*, les esclaves des hommes que vous avez *vaincu, vaincus*.
6. Que d'embarras nous avons *éprouvé, éprouvés !* que de rivalités on a *voulu, voulues* nous susciter !
7. Les Albanais s'étaient *proposé, proposés*, comme des modèles de valeur ; mais les Vénitiens s'étaient *proposé, proposés*, aussi d'éclipser leurs rivaux.

Leçon 157. — Thème.

Même sujet.

1. On représente le Temps comme un vieillard décrépit ; sa faux, *trancher* les générations, n'est jamais immobile, et ses yeux *percer* ne se livrent jamais au sommeil (*part. prés.* ou *adj. verbal*).
2. Ces enfants m'ont étonné, je les ai *entendu, entendus*,

répondre avec beaucoup d'assurance, aussi les ai-je *vu,
vus*, encourager par de sincères applaudissements.

3. Mes anciennes résolutions se *réveiller (pas. ind.)* en
moi, après les incertitudes que *je mettre (pas. ind.)* à les
suivre.

4. Ne rappelez point ces tristes souvenirs que votre courage *faire (pas. ind.)* évanouir.

5. Apprends-nous quels sont ceux que tu *condamner (pas.
ind.)* à mourir, et ceux que tu *consentir (même temps)*
d'épargner.

Leçon 158. — Analyse.

Donner toutes les indications d'usage.

1. Son visage a changé, son teint s'est éclairci.
2. Vois l'effrayante nuit amoncelant les ombres.

Préposition. — Adverbe. — Conjonction.

Leçon 159. — Thème.

Corriger quelques fautes qui ne sont point indiquées.

1. Soyez toujours *près de, prêt à*, rendre compte de vos
actions.

2. On le voyait rôder *alentour, autour de*, la cabane.

3. Les Arabes sont riches en menu bétail et chevaux.

4. La lecture sert à orner l'esprit, régler les mœurs et
former le jugement.

5. Il était *plutôt, plus tôt*, fait pour commander que pour
obéir.

6. *Quoi que, quoique*, vous écriviez pour vous justifier,
on n'en tiendra aucun compte.

7. Ne passez pas *au travers, à travers (du* ou *le)* bois,
vous vous y égareriez.

8. Le roi descendit de *sur, dessus*, son trône très-fatigué de cette longue cérémonie.

Leçon 160. — Thème.

Corriger quelques fautes qui ne sont point indiquées.

1. Tous les jeunes seigneurs de la cour s'occupaient à lire et faire des vers.
2. *Auparavant, avant*, de louer un homme, interrogez sa vie.
3. Ecrivez les injures *sur, dessus*, le sable, et les bienfaits *sur, dessus*, le marbre.
4. La modestie suppose le mérite et le fait *plutôt, plus tôt*, remarquer.
5. Le connétable faisait encore de vains projets, quoiqu'il fût *près de, prêt à*, mourir.
6. Parce que vous êtes encore, je vois combien vous avez dû être puissant.
7. Marius défendait les intérêts du peuple ; *quant, quand*, à Sylla, il soutenait les patriciens.
8. Hâtez-vous d'apprendre à lire et écrire.

Leçon 161. — Thème.

Suite. Corriger les fautes non indiquées.

1. Il n'y a rien que je déteste davantage que de blesser la vérité.
2. L'armée de Crassus passa à travers des plaines de la Mésopotamie.
3. Léon était allé en campagne pour respirer le grand air.
4. Le cheval boiteux arriva plutôt que celui qui ne l'était pas.
5. Le génie est le don d'inventer et exécuter d'une manière saisissante.

6. Je suis sensible à vos reproches, mais quand à ceux du colonel, je ne les mérite pas.

7. Toutes les places étaient prises auparavant qu'il fît jour.

8. On cherchait vos pantoufles dessous l'armoire, tandis qu'elles étaient dessus.

CHAPITRE XII.

Orthographe.

Leçon 162. — Thème.

Orthographe des verbes.

1. Je pensais bien qu'on *enlever* (*cond. prés.*) cette tache.

2. La quittance défectueuse était *suppléer* (*part. pas.*) par une lettre.

3. Ce signe te *rappeler* (*futur*) ce que tu dois faire.

4. Voulez-vous que les balayeurs *essuyer* (*subj. prés.*) le pavé du vestibule ?

5. Les vents *amonceler* (*ind. pr.*) les nuages.

6. On craint que les planchers ne *ployer* (*subj. prés.*) sous leur charge.

7. Cette lettre *renouveler* (*fut.*) tous vos ennuis passés.

8. Nos enfants *bégayer* (*ind. pr.*) déjà leurs prières.

9. Je pressentais qu'il *dégeler* (*cond. pr.*) aujourd'hui.

10. On *atteler* (*ind. pr.*) déjà les chevaux à la voiture.

Leçon 163. — Thème.

Suite.

1. Votre pétition n'a point été *agréer* (*part. pas.*) de M. le maire.

2. La santé du vieux prince *inquiéter* (*ind. prés.*) ses officiers.

3. On *rejeter* (*ind. pr.*) sur un étranger la cause du trouble.
4. Nous *appuyer* (*futur*) la demande d'indemnité que vous faites.
5. La terre fut *créer* (*part. pas.*) d'une parole de Dieu.
6. Les qualités du cœur *racheter* (*ind. pr.*) souvent les travers du caractère.
7. Je comptais que l'on *nettoyer* (*cond. pr.*) la place avant la revue.
8. Nous désirons que vous *employer* cet homme dans votre fabrique.
9. Les montagnes du Pérou *receler* (*ind. pr.*) de très-riches mines.
10. Ces diamants *étinceler* (*ind. pr.*) des plus vives couleurs.

Leçon 164. — Thème.

Suite.

1. Une telle démarche *déceler* (*cond. pr.*) beaucoup d'ambition.
2. Il faut que vous *essayer* d'obtenir une audience.
3. On *dételer* (*futur*) le chariot dans la grande cour.
4. Cette machine qui *soulever* (*ind. pr.*) les fardeaux, s'*appeler* (*ind. pr.*) un cric.
5. *Employer* (*impér.*) toujours tes revenus à un noble usage.
6. Je crains que ce messager infidèle ne *décacheter* (*subj. pr.*) le paquet.
7. Voyez comme les abeilles *harceler* (*ind. pr.*) ce chien imprudent.
8. La rumeur publique *semer* (*ind. pr.*) de, des, fausses nouvelles.
9. Les rayons du soleil *altérer* (*ind. pr.*) les couleurs tendres.

Leçon 165. — Thème.

Emploi des accents et des autres signes. Corriger des fautes non indiquées.

1. Sa perte *ou*, *où*, son salut *dépendre* (*ind. pr.*) des aveux qu'il fera.
2. La bonté de Dieu *devroit* bien toucher notre cœur (*deux fautes*).
3. Les *payens*, *quoique* ils eussent de grandes lumières, ne connaissaient point une morale aussi pure (*deux fautes*).
4. Cet arbre *croître* (*pas. ind.*) considérablement depuis deux ans. Avez-vous *croire* (*part. pas.*) à ma parole?
5. Léon n'a pu venir ce matin puisqu'alors il était à l'Église (*deux fautes*).
6. *Quoique* on fasse pour vous servir, vous grondez comme feu votre ayeul (*trois fautes*).
7. On donnera, *des*, *dès*, ce soir, *des*, *dès*, récompenses aux plus dignes.
8. Ayons pitié d'eux jusqu'à ce qu'ils ayent pitié d'eux-même (*deux fautes*).
9. *S'asseoir* (*impér. 2ᵉ pers. pl.*) là et prêter (*impér.*) moi votre attention.

FIN

TABLE DES MATIÈRES.

SAINT-CLOUD — IMPRIMERIE DE Mᵐᵉ Vᵉ EUG. BELIN.